IA no MKT

Direito, inovação e tecnologia da inteligência artificial no marketing

Copyright© 2024 by Editora Leader
Todos os direitos da primeira edição são reservados à Editora Leader.

Diretora de projetos e chefe editorial:	Andréia Roma
Revisão:	Editora Leader e Luciana Albuquerque
Capa:	Cristiane Angelo
Autora:	Sandra Martinelli
Coordenação e curadoria:	Rony Vainzof, Caio Lima e Gisele Karassawa
Organização:	Meire Werneck
Projeto gráfico e editoração:	Editora Leader
Suporte editorial:	Lais Assis e Luciana Albuquerque
Livrarias e distribuidores:	Liliana Araújo
Artes e mídias:	Equipe Leader
Diretor financeiro:	Alessandro Roma

Dados Internacionais de Catalogação na Publicação (CIP)

A245
1.ed.
IA no MKT: direito, inovação e tecnologia da inteligência artificial no marketing: vol. 1 /organizadores Sandra Martinelli...[et al.]. – 1.ed. – São Paulo : Editora Leader, 2024. 264 p.; 16 x 21 cm.

Vários autores. Outros organizadores: Rony Vainzof, Caio Lima, Gisele Karassawa.
Bibliografia.

ISBN: 978-85-5474-228-7

1. Direito digital. 2. Ética. 3. Inteligência artificial – Inovações tecnológicas. 4. Marketing. 5. Tecnologia e direito. I. Martinelli, Sandra. II. Vainzof, Rony. III. Lima, Caio. IV. Karassawa, Gisele.

07-2024/87 CDU 34:004

Índices para catálogo sistemático:
1. Inteligência artificial: Marketing: Direito digital

Bibliotecária responsável: Aline Graziele Benitez CRB-1/3129

2024
Editora Leader Ltda.
Rua João Aires, 149
Jardim Bandeirantes – São Paulo – SP
Contatos:
Tel.: (11) 95967-9456
contato@editoraleader.com.br | www.editoraleader.com.br

Nota da Editora

É com grande prazer que apresentamos "IA no MKT – Direito, inovação e tecnologia da inteligência artificial no marketing", uma obra que traz uma visão inovadora e pioneira sobre a aplicação da IA no campo do marketing. Organizado por Sandra Martinelli, CEO da ABA, e pelo time de especialistas do VLK Advogados, parceiros da entidade, este livro reúne as perspectivas de renomados especialistas e líderes, oferecendo uma abordagem única e abrangente sobre o tema.

Nós da Editora Leader temos a honra de lançar este título em parceria com a ABA, reforçando nosso compromisso com a excelência e a inovação. Acreditamos que a inteligência artificial está transformando o mundo dos negócios, e este livro é uma prova clara de como essa tecnologia pode ser aplicada de forma eficaz no marketing.

Cada capítulo foi cuidadosamente elaborado para proporcionar aos leitores uma compreensão profunda das oportunidades e desafios que a IA apresenta. Desde a automação de processos até a personalização de campanhas e a análise de dados em grande escala, "IA no MKT – Direito, inovação e tecnologia da inteligência artificial no marketing" oferece *insights* valiosos sobre a área do Direito e estratégias práticas.

Sandra Martinelli foi fundamental na organização e curadoria deste projeto. Sua dedicação em reunir os melhores profissionais e as ideias mais relevantes resultou em um conteúdo rico e extremamente relevante para todos os que desejam se manter na vanguarda do marketing moderno.

Na Editora Leader, estamos entusiasmados em poder contribuir para a disseminação desse conhecimento e apoiar os profissionais de marketing na jornada de integração da inteligência artificial em suas práticas diárias. Esperamos que este livro inspire, eduque e motive nossos leitores a explorar e aproveitar ao máximo as oportunidades que a IA oferece.

Andréia Roma.
CEO da Editora Leader

Prólogo

À medida que a inteligência artificial transforma a indústria do marketing a um ritmo sem precedentes, profissionais e marcas debatem como aproveitar o potencial que esta tecnologia proporciona, de forma eficaz, segura e responsável.

Na figura de sua CEO, Sandra Martinelli, que há dez anos é membro do Comitê Executivo da WFA, a ABA – Associação Brasileira de Anunciantes, vem atuando de forma relevante em torno deste tema com a criação de um Grupo de Trabalho de inteligência artificial, o lançamento de um Guia de IA, a promoção de debates, *webinares* e reuniões, além de acompanhar de perto a regulamentação da AI Act da União Europeia, e ser um dos signatários de uma Carta aberta ao Congresso Nacional Brasileiro, que sugere diretrizes e alternativas para uma regulamentação equilibrada que garanta direitos sem criar barreiras à inovação.

Entendemos que preocupações com violação de direitos autorais, privacidade de dados e disseminação de notícias falsas e preconceitos são pontos de extrema atenção para as marcas, pois isso afeta suas reputações. Ao mesmo tempo, precisamos colocar a responsabilidade em nossas mãos e garantir uma revisão humana pautada por um marketing ético e responsável.

Da perspectiva de profissionais de marketing associados à ABA e especialistas em direito e tecnologia, este livro aborda os riscos, tendências e desafios do uso desta ferramenta revolucionária.

Stephan Loerke,
CEO da WFA – Federação Mundial de Anunciantes

Prologue

As Artificial Intelligence transforms the marketing industry at an unprecedented pace, professionals and brands are debating how to harness the potential this technology provides, in an effective, safe and responsible way.

In the figure of its CEO, Sandra Martinelli, who has been a member of WFA's Executive Committee for 10 years, ABA – Associação Brasileira de Advertisers, has been acting in a relevant way around this topic with the creation of a Working Group of Artificial Intelligence, the release of an AI Guide, the promotion of debates, webinars and meetings, in addition to closely following the European Union's AI Act regulation, and being one of the signatories of an open Letter to the Brazilian National Congress, which suggests guidelines and alternatives for balanced regulation that guarantees rights without creating barriers to innovation.

We understand that concerns around copyright infringement, data privacy, and the spread of fake news and prejudice are points of extreme attention for brands, as this affects their reputations. At the same time, we need to put responsibility in our hands and ensure a human review guided by ethical and responsible marketing.

From the perspective of marketing professionals associated with ABA and experts in law and technology, this book addresses the risks, trends and challenges of using this revolutionary tool.

Stephan Loerke,
CEO of WFA – World Federation of Advertisers

Prefácio

Primeiramente, celebro a longevidade da ABA, completando 65 anos em 2024, feito relevante em um país com cultura de curto prazo. Ao longo dessas décadas, a ABA tem desempenhado com competência sua missão de apoiar os anunciantes no desafio de continuamente se reinventar. Não está muito distante o tempo em que o novo eram as redes sociais, estabelecendo inédita fronteira de comunicação entre as marcas e o consumidor-conectado. Nos anos 2000, coube às marcas enfrentar o conflito entre a lógica centralizada das organizações e a lógica descentralizada das redes sociais, no qual a marca não era mais um ator que dialogava linear e unidirecionalmente com o consumidor, mas parte de um ecossistema informativo descentralizado e complexo com múltiplos atores. Lembro-me bem, à época eu estava na AgênciaClick, da dificuldade das equipes de marketing compreenderem a natureza do meio digital e como se beneficiar de suas particularidades; as primeiras campanhas digitais reproduziam as peças publicitárias analógicas, estáticas, na *home* dos veículos digitais. Tanto as redes sociais quanto o comércio eletrônico (e-commerce) transformaram as estratégias dos anunciantes.

Em anos recentes, entre encantado e amedrontado, o mundo passou a conviver com o fenômeno da inteligência artificial (IA). Como toda tecnologia de propósito geral (*General Purpose Technologies*, GPT), a IA está reconfigurando o funcionamento da economia e da sociedade, aportando inéditos modelos de negócios e moldando comportamentos. Estamos migrando de um mundo de máquinas programadas para um mundo de máquinas probabilísticas (máquinas habilitadas por IA), implicando lógicas e riscos distintos. O mundo da IA é bem mais complexo, mas não nos resta outra opção a não ser aprender a habitar no século XXI.

Na perspectiva do anunciante, a inteligência artificial oferece benefícios extraordinários. O principal talvez seja a possibilidade de conhecer o consumidor em um nível de detalhe e profundidade inédito na história da humanidade, promovendo campanhas publicitárias mais assertivas: a hipersegmentação na interação com o consumidor, ao tornar a publicidade mais direcionada, tende a gerar maiores taxas de conversão.

Por outro lado, junto com esse inédito conhecimento sobre o consumidor vêm desafios, como preservar a privacidade e a segurança dos dados pessoais. A IA está igualmente invadindo o varejo com sistemas de compras on-line interativos: o cliente, por meio do processamento de linguagem natural, enquanto faz compras, recebe recomendações personalizadas em conversa com o "vendedor". Essas práticas demandam ao anunciante investimento permanente em inovação, um anunciante já pressionado por uma competição pela atenção do consumidor, atualmente atraído por miríades de possibilidades de distração.

Um dos mais novos fenômenos é o *Custobots*, espécie de cliente-máquina que pode ser um assistente virtual como Alexa e Siri, ou um objeto físico conectado à internet, por exemplo, um carro. Essas soluções habilitadas por IA podem realizar tarefas como receber mensagens publicitárias, buscar informações sobre um produto ou serviço, negociar o melhor preço, e efetivar a aquisição de bens e serviços. A expectativa de especialistas é que o cliente-máquina em breve será uma megatendência de crescimento mais significativo do que o advento do comércio eletrônico, só que um cliente não influenciável pela emoção, consequentemente, não influenciável por anúncios nem seduzido por ações de engajamento; esse "novo cliente" é mais disposto a fidelização com uma mesma marca e a reduzir o desperdício, uma vez que avalia com mais precisão as necessidades de consumo. Como os anunciantes vão lidar com esse novo ator econômico?

A maior novidade, contudo, é a IA generativa. Distinta da inteligência artificial preditiva, a IA generativa produz conteúdo original sintetizando texto, imagem, voz, vídeo e códigos a partir de grandes bases de dados, com potencial de impactar significativamente a economia criativa:

a) na geração automatizada de conteúdo em artigos, postagens em blogs e mídias sociais;

b) no impulsionamento da qualidade do conteúdo, em função do treinamento de seus algoritmos, e na utilização de grandes bases de dados para identificar padrões que ultrapassam a cognição humana;

c) na produção de conteúdo mais diversificado, incluindo texto, imagem e vídeo; e

d) na geração de conteúdo personalizado com base no perfil e nas preferências dos usuários. A solução de IA "Jasper", por exemplo, está sendo aplicada em ações de marketing para produzir blogs, postagens em redes sociais, textos na web, e-mails de vendas, anúncios, entre outros conteúdos de interação com usuários, clientes e consumidores; o DALL-E 2, voltado para geração de imagens, está sendo aplicado na produção de peças publicitárias.

Os modelos de IA generativa derivam de distintas arquiteturas da técnica de IA denominada de "redes neurais profundas" (em inglês, *deep learning*). "Arquitetura", no caso, representa como os componentes das redes neurais – neurônios artificiais, camadas e conexões – se organizam. Atualmente, a solução de IA generativa mais popular é o ChatGPT, disponibilizado para experimentação pública pela OpenAI em 30 de novembro de 2022, baseado na arquitetura Transformer, desenvolvida em 2017 pela equipe do Google Brain. Inicialmente aplicado para processos de tradução de palavras (Google Tradutor), o Transformer tornou-se a arquitetura preferida para modelos de processamento de linguagem natural (*natural language processing*, ou NLP), estando, por exemplo, na base da série da OpenAI, GPT-base, GPT-2, GPT-3, GPT3.5-turbo, GPT-4, GPT-4-turbo, os quais, por sua vez, estão na base do ChatGPT (última versão, o GPT-4o). A característica diferenciada do Transformer é ser treinado em diálogos, possibilitando captar nuances, distinguir a fluidez de uma conversa e gerar respostas que, aparentemente, fazem sentido. Essas aplicações requerem o envolvimento de especialistas humanos em todo o processo de desenvolvimento e implementação, e o usuário dos modelos precisará, necessariamente, testar várias instruções para obter o resultado desejado. Em seguida, o conteúdo gerado tem que ser avaliado e editado por um ser humano; no caso de modelos que geram conteúdo imagético, as imagens sintéticas (geradas por IA) deverão ser manipuladas por um especialista humano.

A aparente consistência das respostas do ChatGPT, contudo, induz o usuário ao equívoco de tomá-las como precisas e verdadeiras. O encantamento, ou mesmo magia, dessa inédita interface em formato de diálogo carece ser relativizado, evitando o *hype* que dificulta identificar os reais benefícios; ao contrário, deve-se buscar a mitigação de seus potenciais danos, como a difusão ainda maior de desinformação e *fake news* (a criação de *deepfakes*, por exemplo, até então exigia habilidades especializadas de seus desenvolvedores, enquanto os modelos de IA generativa dão amplo acesso aos não especialistas). A própria OpenAI alertou para o fato de que, ocasionalmente, o ChatGPT pode gerar informações incorretas e produzir instruções prejudiciais ou conteúdos tendenciosos, e que se trata de um projeto de pesquisa que seguirá sendo refinado. Ou seja, a precisão (ou falta dela) ainda é um problema a ser superado pelos modelos generativos (missão talvez impossível na configuração atual da técnica).

Em meados da terceira década do século XXI, estamos experimentando a transição de máquinas desenvolvidas para estender e complementar a musculatura ou força física dos humanos, como as máquinas industriais retratadas no filme "Tempos Modernos", de Charles Chaplin, para máquinas que estendem a capacidade mental humana como as soluções de IA generativa – ChatGPT da OpenAI e Microsoft, Gemini do Google e Llama da Meta. Embora essas soluções de IA representem avanços extraordinários do ponto de vista da ciência e da tecnologia, elas ainda estão absolutamente distantes da complexidade da cognição humana, e não existem evidências de quando e se irão alcançá-la.

As redes neurais, como mencionado anteriormente, estão na base dos modelos de linguagem e são relativamente eficientes no reconhecimento de padrões em grandes volumes de dados, mas não conseguem emular o raciocínio humano. Quando falamos de raciocínio, estamos falando de método de *search* (busca). Tomar uma decisão pressupõe um modo de pensar, de seguir etapas, de formular hipóteses, principalmente as pequenas hipóteses, imaginar cenários, procurar no espaço de ideias o que vale a pena considerar. Todo este processo que contribui para construir o raciocínio, provavelmente, são os limites de uma rede probabilística (que é o caso das redes neurais); ao estabelecer apenas correlações essas redes não contemplam causalidade (teia de relações de causa e efeito) nem contrafactual (situação ou evento que não aconteceu, mas poderia ter acontecido), que são parte intrínseca dos métodos de *search*, que por sua vez são parte intrínseca do raciocínio humano.

Embora distante da "inteligência" humana, a inteligência artificial está mudando a forma como interagimos – sociabilidade e comunicação –, como acessamos as informações, como consumimos. Este livro é uma contribuição da ABA aos anunciantes sobre como navegar no novo mundo.

Dora Kaufman

Professora do TIDD (Tecnologias da Inteligência e Design Digital) da PUC-SP, pesquisadora dos impactos éticos e sociais da IA e autora de livros sobre o tema

Introdução

Vivemos em uma era onde a transformação digital redefine constantemente o cenário de negócios, e o marketing não é exceção. A inteligência artificial (IA) emergiu como uma das forças motrizes mais significativas dessa transformação, oferecendo novas oportunidades para otimizar campanhas, personalizar interações e alcançar públicos de maneira mais eficaz, revolucionando a forma como as marcas se conectam com seus públicos.

Neste contexto, o cenário regulatório de IA no Brasil encontra-se em verdadeira ebulição com a discussão do Projeto de Lei (PL) nº 2.338/23 e substitutivos, além de outras iniciativas esparsas, por exemplo, o PL 1.376/22, que traz previsões sobre sistemas de IA no contexto de dublagem de materiais audiovisuais, e o PL 145/24, que visa à alteração do Código de Defesa do Consumidor no tocante ao uso de IA para publicidade.

Assim, reconhecendo a importância do tema, a ABA – Associação Brasileira de Anunciantes, com seu papel de agente transformador, identificou a oportunidade de consolidar nesta obra a experiência e os desafios enfrentados por seus associados e parceiros, numa perspectiva prática. Desta maneira, para trazer uma visão holística de como o mercado está reagindo aos impactos da IA no marketing, foram convidados mais de

30 coautores de diversos segmentos de anunciantes associados à ABA, como alimentos, bebidas, cosméticos, limpeza, saúde, energia, educação e varejo, e um time de advogados especialistas no assunto, do VLK Advogados, que representados por Rony Vainzof, Caio Lima e Gisele Karassawa, organizaram esta obra junto a mim.

Por meio de cases e *insights*, discutimos como o uso ético e responsável da inteligência artificial pode criar um ambiente profícuo para estratégias e conteúdos publicitários que não apenas encantam, mas também respeitam e valorizam o consumidor.

A disseminação de uma cultura de IA ética e ao mesmo tempo catalisadora da criatividade humana, como é o objetivo deste livro, fortalece o mercado de marketing e está alinhada com os objetivos da ABA, incentivando o desenvolvimento inovador, criativo e com propósito das marcas e da reputação das organizações anunciantes.

Convidamos você a embarcar nesta jornada de descoberta, onde a inovação tecnológica e a integridade criativa andam de mãos dadas, moldando um futuro promissor para o setor publicitário e de marketing.

Sandra Martinelli
CEO da ABA e membro do Executive Committee da WFA

Sumário

Mercado Livre..20
Adriana L. Cardinali Straube
Inteligência artificial na publicidade: uma reflexão sobre os desafios jurídicos

VLK Advogados 28
Alexandra Krastins | Mateus Lamonica
O impacto do AI Act no marketing

GPA 36
Amira Ayoub
Por uma inteligência artificial que nos humanize em vez de nos robotizar

Coty 44
Ana Carolina Fortes Iapichini Pescarmona
A realidade é artificial

Petrobras 52
Ana Esteves
Marketing na era de IA: redefinindo conexões e responsabilidades das marcas

Danone 60
  Andreia Marcelino

  Breves considerações sobre a inteligência artificial generativa, as empresas anunciantes e as agências de publicidade sob o olhar jurídico

VLK Advogados 68
  Bruna Bigas | Nuria Baxauli

  Deepfake e direitos de personalidade: conceituação e desafios práticos

VLK Advogados 76
  Caio César Carvalho Lima

  Explorando os Limites do *Fair Use*: uso de obras protegidas no treinamento de sistemas de inteligência artificial

TIM 84
  Camila Ribeiro

  Copiloto, cocriadores ou codependentes?

Fundação Dom Cabral 92
  Daniel Aguado

  A inteligência artificial *versus* as habilidades humanas

Kimberly-Clark 100
  Daniela Thompson S. Martinez | Renato Bordini Megda

  Revitalizando artes de embalagens com IA: um caso hipotético

VLK Advogados 106
   Gisele Karassawa
   Inteligência artificial e autorregulamentação publicitária

À época Bombril 114
   Gustavo Quilici Franco do Amaral
   Marketing artificial?

VLK Advogados 122
   Jean Michel Santana
   Uso de IA no MKT para perfilização e questões de privacidade

BNDES 130
   João Meireles | Catarina Donda
   IA e publicidade: a revolução chegou. E agora?

Samsung Galaxy 138
   Lucia Bittar
   IA: tecnologia, economia e ética

Unilever 146
   Manuela Dode | Luciana Sobral
   Inteligência artificial na publicidade: oportunidades e desafios éticos. Como combater a discriminação e a perpetuação de desigualdades?

Pernod Ricard 154
   Mariana Pimentel
   Uma ferramenta chamada LILI

Bradesco 162
   Nathalia Garcia

   A revolução da inteligência artificial no marketing e o setor bancário: o caso emblemático da BIA do Bradesco

Dasa 170
   Nelcina Tropardi | Caroline Ranzani

   Desafios jurídicos para sistemas de IA na área da saúde

L'Oréal 178
   Patrick Sabatier

   IA, marketing e ética

Diageo Brasil 186
   Paula Ercole Bauléo

   IA, marketing e Direito convergem em ética, responsabilidade e foco no negócio

Natura & Co. 194
   Paula Marsilli

   Como construir um futuro digital saudável e diverso, aproveitando o melhor que a IA tem a oferecer

Reckitt 202
   Priscila Cruz | Gustavo Montandon

   Inteligência artificial e marketing: o papel do departamento jurídico

Kenvue 210
    Rodrigo Laranjeira Braga Borges

    Influenciadores artificiais: breves considerações e implicações jurídicas

VLK Advogados 218
    Rony Vainzof

    Inteligência artificial e Governança Empresarial

BRF 226
    Sandro Copolla

    Inteligência artificial, CRM e LGPD: o paradoxo da liberdade e segurança do consumidor

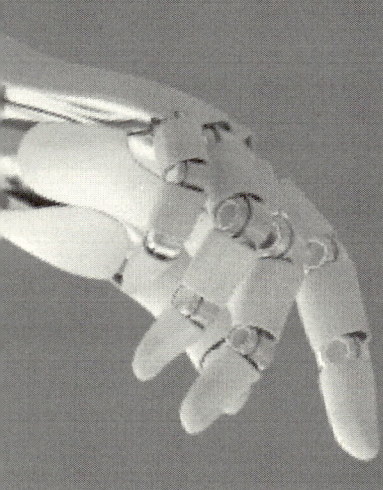

Mercado Livre

Adriana L. Cardinali Straube

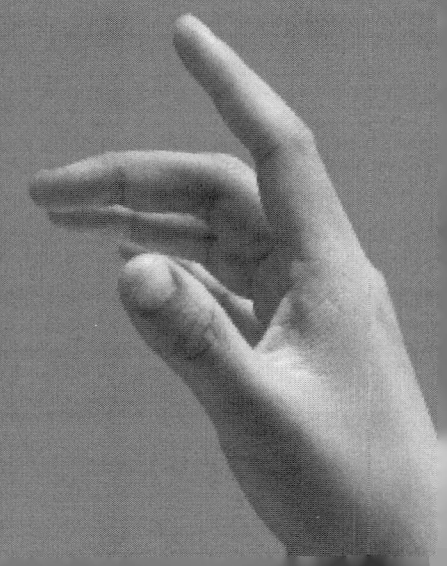

Inteligência artificial na publicidade: uma reflexão sobre os desafios jurídicos

A inteligência artificial tem se tornado cada vez mais presente em nossa sociedade, e o seu uso – e consequentemente impacto – estende-se por diversas esferas, incluindo a publicitária. Trata-se de uma pauta atual em vários países, setores, segmentos e hierarquias. Discussões legislativas e regulatórias estão destinadas a trazer uma disciplina específica a respeito[1], como também há estudos e testes de seu uso em muitos setores produtivos e áreas profissionais, sendo um tema recorrente na agenda do poder público e empresarial, desde o Conselho de Administração à base da organização.

No escopo do *legal marketing*, área de Direito que estuda e analisa os impactos jurídicos de ferramentas e campanhas publicitárias, o panorama não é diferente. Um dos grandes temas da atualidade, a inteligência artificial já foi incorporada como uma das mais potentes ferramentas criativas para a realização de campanhas de impacto. Desde a sua utilização para entender padrões de consumo e comportamentos de (potenciais) clientes, compreender as suas preferências e antecipar tendências, é possível também fazer a sua utilização para recriar sentimentos e sensações, para reproduzir ou trazer à realidade situações que possam sensibilizar o público.

---

[1] Em março de 2024, o Parlamento Europeu aprovou o Regulamento sobre o uso da inteligência artificial, sendo considerada a primeira legislação a sistematizar e tratar o tema no mundo. Disponível em: https://www.europarl.europa.eu/news/pt/press-room/20240308IPR19015/regulamento-inteligenciaartificial-parlamento-aprova-legislacao-historica. O Brasil, por sua vez, está em discussões avançadas no Congresso a respeito, por meio do PL n.º 2.338/23.

Ainda sem uma regulamentação própria sobre o tema no Brasil[2], há muitos desafios jurídicos a serem enfrentados, e, dada a sua interdisciplinaridade, é necessário que as questões sejam avaliadas à luz das normas existentes e que passam, primordialmente, por direitos e garantias constitucionais, privacidade, personalidade, consumidor, propriedade intelectual, direito civil. Os padrões éticos são também de extrema relevância nessa análise.

Dentro dessa perspectiva, vale mencionar que, em 2023, uma campanha da marca Volkswagen intitulada *Volkswagen Brasil – 70: o Novo Veio de Novo*[3], em que a cantora Elis Regina, falecida há mais de 40 anos, aparece ao lado de sua filha Maria Rita cantando a música *Como Nossos Pais*, de Belchior, foi motivo de polêmica. Muitos ficaram impactados com a imagem de Elis, cantando, e houve um grande questionamento sobre se ela, de fato, gostaria de estar ali, ao associarem o contexto ao período ditatorial no Brasil[4].

Essa campanha, que foi apreciada por uma camada relevante da população, gerou também um debate focado na ética e nos direitos de personalidade e consumidor, tendo sido objeto de uma Representação no Conar – Conselho Nacional de Autorregulamentação Publicitária, entidade responsável pela supervisão da ética na publicidade e que orienta as empresas em suas iniciativas, com fundamento no Código Nacional de Autorregulamentação Publicitária (CBAP). À medida que a inovação avança, a ética ganha ainda mais importância e deve ser tratada de maneira prioritária.

---

[2] Recentemente, a discussão do Marco Civil da inteligência artificial no Brasil ganhou força, com a apresentação de um relatório preliminar pelo Senador Eduardo Gomes em 24 de abril de 2024. Disponível em: https://www12.senado.leg.br/noticias/materias/2024/04/24/ia-relator-apresenta-proposta-alinhadacom-regulamentos-da-europa-e-dos-eua e um texto substitutivo que mescla vários projetos de lei em tramitação no Senado, em especial o PL n.º 2.338/23. Este PL é fruto de um estudo feito pela Comissão de Juristas criada em 2022. Disponível em: https://legis.senado.leg.br/comissoes/mnas?codcol=2504&tp=4

[3] Disponível em https://www.youtube.com/watch?v=pjmrqKc0pvo, acesso em 1 de maio de 2024.

[4] V. https://www.uol.com.br/splash/noticias/2023/07/04/musica-em-comercial-com--elis-foi-composta- na-ditadura-apoiada-pela-volks.htm, acesso em 1 de maio de 2024.

Em tal Representação, de n.º 134/2023, o Conar se deparou pela primeira vez e se aprofundou na discussão do uso de inteligência artificial. Com base em queixa de consumidor, buscou-se analisar:

i) se o uso da fala da cantora Elis foi respeitoso e ético; e

ii) se era necessária informação explícita sobre o uso de tal ferramenta para compor o anúncio.

Após avaliação, decidiu-se pelo arquivamento do feito, sendo o entendimento:

i) por unanimidade, de que não houve desrespeito à figura da artista, pois o uso da sua imagem foi consentido por seus herdeiros e ela aparece fazendo algo que sempre fez em vida; e

ii) por maioria, de que a transparência é princípio ético fundamental e foi respeitada no caso específico, reputando que o uso da ferramenta estava evidente no uso da peça publicitária. Adicionalmente, aprovou-se a moção ao Conar para acompanhamento e discussões de casos e recomendações a respeito do uso de IA.[5]

Antes mesmo de a discussão vir à tona no Conar, outras empresas fizeram uso da inteligência artificial, com impacto extremamente positivo. Como exemplo, em 2021, o Mercado Livre, em comovente campanha para o Dia dos Pais intitulada "Mercado Livre | Gol 335", utilizou-se de ferramenta tecnológica em que foi possível recriar a voz do pai de Zico, uma figura icônica e emocionalmente significativa para o público brasileiro, como se estivesse no estádio assistindo ao seu gol de número 335, no Maracanã. O pai, enquanto vivo, nunca havia presenciado a marcação de um gol do filho nesse estádio, pelo sentimento exacerbado que

---

[5] Decisão disponível em http://www.conar.org.br/, acesso em 1 de maio de 2024 (busca pela palavra "Volkswagen", caso de 2023).

isso poderia lhe gerar e, eventualmente, afetar a sua saúde, já que tinha uma situação cardíaca[6]. E esse foi o presente de Zico ao seu pai falecido, no Dia dos Pais. Além de contar com a autorização dos herdeiros, o vídeo ressalta o uso de inteligência artificial para recriar a voz de pessoa falecida, de maneira sensível e respeitosa.

Para a preservação da ética e da transparência no mercado publicitário, e sempre preocupada em orientar sobre as melhores práticas de maneira atual e vanguardista, a ABA lançou, em 2023, um Guia sobre Impactos da Inteligência Artificial Generativa na Publicidade[7], observando que "a IA Generativa está emergindo de forma exponencial, transformando a maneira como os anunciantes se comunicam e se conectam com seu público. Quando utilizada de forma inteligente e responsável, a IA pode trazer uma série de benefícios, como aumento da eficiência em termos de tempo e custos, escalabilidade, personalização e criatividade, além de encantar o público-alvo. Com ela, algoritmos são capazes de criar conteúdos completamente novos, como textos, áudios, vídeos, imagens, histórias, personagens e códigos de programação, aprendendo com informações pré-existentes e interagindo com os usuários".

O Guia passa por conceitos relacionados à IA Generativa, o seu uso no marketing, os aspectos e desafios éticos e jurídicos para, ao final, sugerir alguns *"do's & don'ts"* a serem observados pelos anunciantes. Resumidamente, como boas práticas – os *"do's"* – é preciso:

i) revisar o trabalho produzido pela IA;

---

[6] A parceria com a empresa Soundthinkers e o uso de síntese neural demonstram a capacidade de a inteligência artificial inovar e criar experiências únicas na publicidade. O vídeo se encontra disponível em https://www.youtube.com/watch?v=DQEIKfl-7VhI, acesso em 1 de maio de 2024. Outro interessante exemplo do Mercado Livre se refere ao uso de inteligência artificial para medir a diversidade em seus anúncios (v. https://exame.com/inteligencia-artificial/mercado-livre-testa- inteligencia-artificial--para-medir-diversidade-em-anuncios/, acesso em 1 de maio de 2024).

[7] Disponível em https://aba.com.br/wp- content/uploads/2023/08/GuiaABAsobreImpactosdaIAGenerativanaPublicidade.pdf, acesso em 1 de maio de 2024.

ii) capacitar e qualificar colaboradores para que estejam aptos a usarem a IA;

iii) ter políticas internas que direcionem sobre o uso da tecnologia;

iv) incorporar princípios éticos e normas morais nos comandos da IA Generativa, a fim de mitigar os vieses e eventuais discriminações;

v) estabelecer quais informações/dados podem ser inseridos nos sistemas de IA;

vi) ser transparente, de acordo com o Código de Defesa do Consumidor e CBAP; e

vii) ler e obedecer aos termos e condições de uso da plataforma de IA Generativa escolhida pela empresa.

A IA pode ser usada tanto para recriar sons, imagens e vozes, como também preditiva para um marketing eficaz e responsável. Nesse particular, a intervenção humana é necessária, de maneira que os resultados sejam adequados ao que se pretende e a ética esteja sempre presente. Na perspectiva jurídica, lidamos com o direito de personalidade, os direitos autorais e a propriedade intelectual, em que o consentimento dos titulares de direitos (ou herdeiros destes) e a definição de propriedade quanto ao resultado da "obra" são primordiais. Adicionalmente, transparência e informação ao consumidor e toda a sociedade é uma exigência que decorre do Código de Defesa do Consumidor e do CBAP.

A regulamentação específica que hoje se encontra em discussão deve resultar no mínimo de controle estatal possível e necessário para assegurar que a tecnologia seja usada de maneira ética, transparente e em respeito aos direitos de terceiros, sem prejudicar a inovação. É um desafio, ainda mais considerando que a IA se encontra em constante evolução.

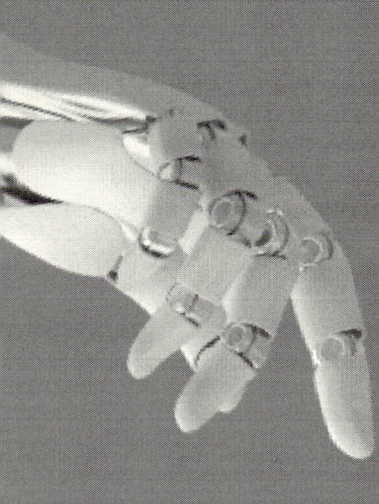

VLK
Advogados

Alexandra Krastins e Mateus Lamonica

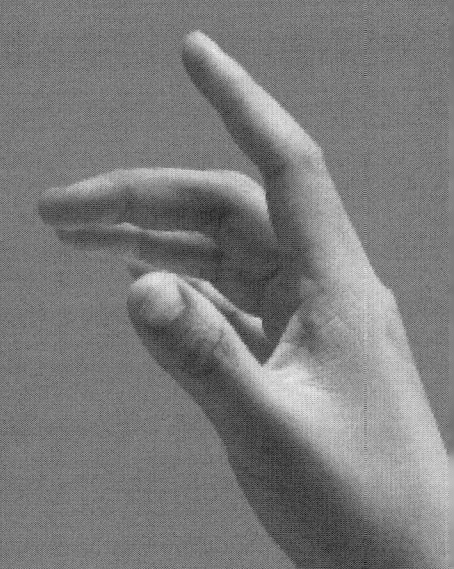

O impacto do
AI Act no marketing

A rápida evolução da inteligência artificial tem expandido os limites do possível em diversas áreas, e o setor de marketing não é exceção. Nesse contexto, o AI Act da União Europeia emerge como um marco histórico na regulação da IA, ao estabelecer diretrizes claras para o seu uso e desenvolvimento, além de abordar preocupações legais e éticas em um grau de detalhamento sem precedentes.

A importância do AI Act para o setor de marketing influenciará diretamente as práticas e estratégias adotadas pelas empresas para alcançar e engajar seus públicos-alvo. Além disso, ressalta-se o aspecto extraterritorial da norma e a sua tendência de influenciar outras legislações ao redor do mundo, o que gerará um efeito cascata de responsabilizações e afetará todo o globo.

Nos últimos anos, ocorreu um crescimento significativo na adoção de IA no marketing, impulsionado pela necessidade de personalização, automação e eficiência nas campanhas publicitárias.

Dados apresentados pela Quid no AI Index da Universidade de Stanford[1], publicado em 2024, revelam um aumento notável no investimento privado em IA para marketing, embora ainda fique atrás de outras áreas, como energia e produção de conteúdo. Essa tendência sugere uma evolução gradual, porém constante, do reconhecimento da importância da IA no contexto do marketing.

---

1 Artificial Intelligence Index Report 2024. Stanford University. Disponível em: https://aiindex.stanford.edu/wp-content/uploads/2024/04/HAI_AI-Index-Report-2024_Chapter4.pdf

O crescimento da tecnologia neste setor é também evidenciado pelos dados de pesquisa da McKinsey, que mostra que, em 2023, um total de 23% das empresas reportaram o uso de IA[2], especialmente para fins de personalização, aquisição de clientes, e análise de vendas e atendimento, destacando a integração da tecnologia nas estratégias de mercado.

Os impactos já são perceptíveis: os dados da McKinsey também mostram que uma porcentagem considerável de empresas relatou uma redução de custos em marketing e vendas (41%) e uma parcela ainda maior (65%) constatou um aumento de receitas nessa área após a adoção da IA em 2023. Tal fenômeno se explica em parte porque a capacidade de personalização e segmentação oferecida pela IA leva a um aumento nas taxas de conversão e no retorno sobre o investimento (ROI) das campanhas de marketing.

A capacidade de criar conteúdo personalizado e persuasivo de maneira eficiente levou muitas empresas a considerarem a adoção dessas tecnologias como uma vantagem competitiva. O potencial para criação de *deepfakes* e apropriação indevida de propriedade intelectual são apenas algumas das questões que levantam debates sobre ética e responsabilidade no uso dessas tecnologias[3].

Outras questões, como transparência no uso de algoritmos e proteção de dados, tornam-se cada vez mais importantes à medida que as empresas buscam equilibrar inovação com responsabilidade. E, ainda, a automação proporcionada pela IA levanta questionamentos sobre o futuro do mercado de trabalho de marketing, com a preocupação de uma redução no número

---

[2] Chui, M., Yee, L., Hall, B., Singla, A. & Sukharevsky, A. (2023). The State of AI in 2023: Generative AI's Breakout Year. McKinsey & Company. Disponível em: https://www.mckinsey.com/capabilities/quantumblack/our-insights/the-state-of-ai-in-2023-generative-ais-breakout-year#widespreadhttp://ceros.mckinsey.com/commentary-ai-2023-lareina-ye-desktop

[3] Silva, Tarcizio. Sistemas Algorítmicos Derivativos: Queremos Escala ou Sustentabilidade? Disponível em: https://www.linkedin.com/pulse/sistemas-algor%-C3%ADtmicos-derivativos-queremos-escala-ou-tarcizio-silva-bbhmf/

de funcionários devido à adoção da IA generativa, conforme relatado por 39% das empresas.

Portanto, esses avanços não vêm sem desafios. A implementação de IA no marketing levanta preocupações éticas e legais, especialmente no que diz respeito à privacidade dos consumidores, à criatividade humana e à conformidade com regulamentações como o AI Act.

Nos ditames do AI Act, as obrigações relativas aos sistemas de IA dependem:

i) do grau de risco associado ao sistema de IA, atribuído em função da finalidade do seu emprego; e

ii) do papel da empresa enquanto operador de IA – fornecedor, implantador, distribuidor, entre outros.

Nesse sentido, práticas de marketing que empreguem técnicas manipuladoras ou que explorem vulnerabilidades serão classificadas como de risco excessivo e, portanto, proibidas. Já outros sistemas com potencial de afetar direitos fundamentais, como os de acesso e usufruto de serviços privados essenciais, serão considerados de alto risco, o que os tornará sujeitos a obrigações rigorosas de governança.

Os sistemas de IA generativa, que trazem uma vasta oferta de funções no marketing para automação de conteúdo como textos e imagens, tenderão geralmente a ser classificados como de risco limitado pelo AI Act. Isso implica obrigações de transparência, a fim de que os usuários sejam claramente informados sobre a natureza dos conteúdos gerados.

Tais sistemas, que são aplicações finais de IA, são frequentemente construídos com base em modelos de IA de propósito geral, que podem ser desenvolvidos por terceiros – geralmente, grandes empresas de tecnologia.

Os fornecedores desses modelos de propósito geral devem seguir diretrizes estritas para assegurar o cumprimento legal, inclusive em relação aos direitos autorais e outras obrigações de transparência. Quando utilizados em grande escala ou com altíssima capacidade computacional, esses modelos podem ser considerados de risco sistêmico, sujeitos a obrigações adicionais de mitigação de riscos e conformidade.

Como se vê, empresas que desenvolvem ou implementam sistemas de IA específicos baseados em grandes modelos de terceiros enfrentam requisitos legais distintos. Assim, pode-se dizer que os fornecedores de aplicações finais criadas em cima de modelos de grandes empresas de tecnologia ficam, de certo modo, mais amparados juridicamente devido aos requisitos de *compliance* aos quais as aplicações de base estarão obrigadas. Por isso, organizações que desejem empregar aplicações de IA no marketing deverão entender claramente qual papel pretendem ocupar na cadeia de valor de IA, seja como fornecedores – desenvolvendo ou mandando desenvolver seus próprios sistemas – ou como implementadores – utilizando sistemas de terceiros sob a sua autoridade.

Ademais, é imperativo que definam as finalidades específicas para as quais a IA será usada, pois isso determinará o grau de risco associado e, consequentemente, as obrigações regulatórias aplicáveis.

Apesar de todas as obrigações decorrentes das imposições trazidas pelo AI Act, sua intenção é trazer benefícios ao proporcionar um ambiente de maior segurança jurídica nos mercados, na medida em que estabelece certos padrões comuns que facilitam a previsibilidade operacional e a conformidade com padrões técnicos, éticos e legais.

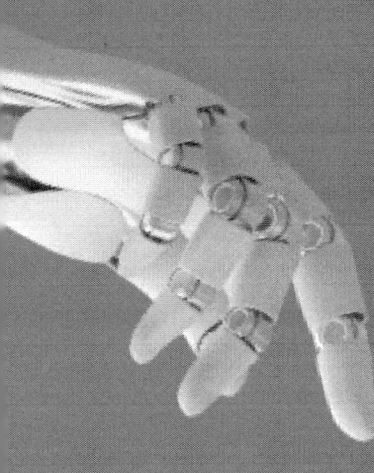

GPA

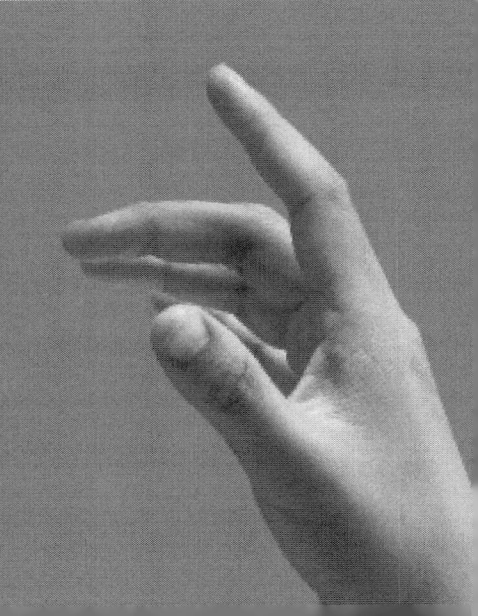

Amira Ayoub

Por uma inteligência artificial que nos humanize em vez de nos robotizar

Há verdades difíceis de serem engolidas

Uma delas é que nós, todos nós, por mais inteligentes que sejamos, temos uma capacidade limitada de armazenamento e processamento de informações. A fórmula de Bháskara, o processo reprodutivo das células, os 118 elementos químicos da tabela periódica, a ascensão e queda do Império Romano, a conjugação do verbo "ir" no futuro do subjuntivo: provavelmente, tudo isso foi deletado da sua cabeça para que novos conhecimentos e memórias pudessem entrar e você, enfim, pudesse se tornar a pessoa e profissional que é hoje.

E tudo bem. Você não é uma máquina. Eu não sou uma máquina. Nem Albert Einstein foi uma máquina.

Mas sabe quem é uma máquina capaz de buscar, armazenar e processar todas essas e muitas outras informações? O seu computador e o seu smartphone aliados à inteligência artificial. Quer você admita, quer não, a inteligência artificial é muito melhor do que você – e do que eu – em vários aspectos.

Até mesmo na nossa área. Com uma agilidade sobre-humana e o acesso a quase todo o conhecimento produzido no mundo nas últimas décadas, a IA consegue coletar e analisar dados em tempo real – o que nos permite criar anúncios publicitários muito mais eficazes. Eu, Amira, executiva de marketing de São Paulo, posso inferir muito pouco sobre o comportamento de compra da Mônica, médica cardiologista de Curitiba, ou sobre as preferências socioculturais do Carlos, corretor de imóveis de São Luiz do Maranhão.

Se eu fosse desafiada a fazer uma campanha de tráfego pago nas redes sociais para ofertar vinhos para eles dois, talvez eu conseguisse dizer se eles preferem um vinho tinto ou um vinho branco, mas certamente não saberia afirmar se tenderiam a comprar um *Carménère* português ou um *Merlot* francês entre os tintos, nem se estariam mais propensos a consumir um *Chardonnay* da Serra Gaúcha ou um *Sauvignon Blanc* da Espanha entre os brancos. Esse nível de precisão a gente só conseguiu atingir com a inteligência artificial.

Por mais que seja tentador acreditar que uma tecnologia tão avançada quanto a IA seja um artifício elitista, a experiência – pelo menos a minha – prova o contrário. Anos atrás, quando eu ainda ocupava a cadeira de *head* de marketing da LATAM Airlines Brasil, liderei uma campanha com base em inteligência artificial e realidade aumentada que possibilitava ao público que seguia uma de nossas páginas no Facebook, tirar *selfies* nos principais pontos turísticos de grandes destinos nacionais e internacionais, como Rio de Janeiro e Lisboa. Não que essa experiência substituísse a viagem de fato, mas pelo menos permitiu que as pessoas se vislumbrassem em cenários diferentes. Muitas vezes, sonhar é o que nos mantém de pé.

Essas são apenas algumas das facilidades que a IA trouxe para nós, profissionais do marketing. Existem diversas outras. Entre elas, a possibilidade de poupar o que temos de mais precioso nas nossas vidas: o tempo. Antes da inteligência artificial generativa, minha equipe levava dias para desenvolver um enxoval básico de peças gráficas para uma campanha ou um evento. Hoje, esse tempo foi reduzido para horas, porque agora o diretor de criação faz o *key* visual e há aplicativos capazes de desdobrar esse KV em uma infinidade de peças, de diferentes dimensões e proporções, ao comando de um clique.

Se por acaso eu precisar me preparar para uma reunião com um representante de uma vertical que eu não domino, posso fazer perguntas bem específicas para uma ferramenta como o chat GPT e, em questão de poucos minutos, me inteirar sobre assuntos complexos. *Como se comporta o mercado automobilístico no norte do Brasil? Quais os principais desafios que a indústria de calçados enfrentou durante a pandemia de Covid-19? Como os movimentos sociais impactam o setor de entretenimento no país?*

É verdade: antes de a IA se popularizar, eu até poderia encontrar respostas para essas mesmas perguntas no Google. Mas, aí, eu certamente perderia um tempo precioso clicando em diversos links e fazendo uma leitura de várias páginas em busca da informação exata que eu procurava. Tempo esse que, hoje, eu posso usar para fazer um alinhamento rápido com as pessoas com que trabalho, contar uma história de ninar para a minha filha ou simplesmente esticar os pés no sofá e descansar a mente depois de um dia cansativo de trabalho.

Em outras palavras, fazer o que eu bem entender – ou o que eu precisar. Ter mais controle sobre o meu próprio tempo. Personalizá-lo da maneira que eu bem entender.

Percebe como tudo gira em torno da personalização e do tempo na publicidade? Recorrer à IA para coletar e analisar dados massivos permite que a gente personalize ofertas para diferentes perfis de consumidores. Promover uma ação para que as pessoas explorem lugares onde nunca estiveram é gerar um desejo personalizado. Economizar tempo de trabalho para investi-lo em outras atividades é trazer um pouco mais de personalização à nossa rotina, que tantas vezes acaba caindo no piloto automático.

A ironia, porém, é que personalização, como a própria palavra diz, é sobre pessoas. É transformar as experiências individuais, adicionando a elas uma pitada de personalidade – que é a nossa maneira individual de pensar, agir e sentir. E por mais que já existam especialistas discutindo se a inteligência artificial é capaz ou não de desenvolver sentimentos, me parece descabido confiar integralmente nela para tornar o nosso dia a dia e as nossas interações mais humanizadas.

Uma coisa é pedir que o chat GPT liste cinco possíveis temas de interesse do público-alvo da minha marca para que eu os aborde nas redes sociais. Outra é pedir que ele escreva integralmente os roteiros dos vídeos e os textos dos posts que eu vou produzir sobre esses temas – e ficar surpreso se eles não gerarem engajamento. Uma coisa é usar a IA para desdobrar um KV em diferentes peças. Outra é confiar nela para criar o KV do zero – esperando que esse KV seja inovador e reflita a personalidade da marca de forma fidedigna. Uma coisa é ter um *chatbot* no site para agilizar o atendimento ao cliente. Outra é abolir o atendimento humano, acreditar que respostas automatizadas podem resolver todos os problemas do consumidor e ainda por cima se espantar com a queda vertiginosa do NPS.

Nessas horas, me sinto obrigada a dizer o óbvio: o que faz de nós seres humanos é a nossa humanidade. A nossa capacidade de criar conexões verdadeiras, de sentir empatia, de provocar no outro todo tipo de emoção. Eu admito sem a menor vergonha que uma máquina faz contas melhor do que eu, aponta tendências com mais agilidade do que eu, tem um repositório de informações infinitamente mais completo do que o meu. Mas nunca vou dizer que ela é melhor do que eu em fazer um outro ser humano rir, chorar, amar, odiar, sentir medo, urgência, curiosidade, desejo ou orgulho.

Isso porque sentir e fazer sentir são atos intrinsecamente humanos, influenciados por vivências anteriores, crenças, lembranças e traços de personalidade. E se eu não soubesse me conectar com outros seres humanos e suscitar neles interesses e emoções, bom... eu certamente não estaria onde estou hoje, ocupando uma cadeira executiva no marketing de um dos maiores grupos varejistas do Brasil.

Valorizo toda a inovação que temos hoje e agradeço a todas as pessoas que dedicaram suas vidas ao desenvolvimento da tecnologia que eu uso diariamente, mas, ao contrário dos otimistas incorrigíveis, não acho que a IA por si só vai resolver as nossas vidas e nos possibilitar avançar como sociedade.

Por outro lado, entendo o receio do trabalhador que tem medo de perder seu emprego para as novas tecnologias – de acordo com o FMI, cerca de 40% dos empregos no mundo podem estar em risco com o avanço da IA, então, não tenho nem como contestar ou falar que se trata de um medo infundado. Mas também não reforço o coro dos mais fatalistas, que dizem que a inteligência artificial é o começo do fim.

Diante dessa problemática, prefiro seguir o caminho do meio, usando a inteligência artificial com cautela e lutando para que, em vez de nos robotizar, ela faça florescer em nós ainda mais humanidade.

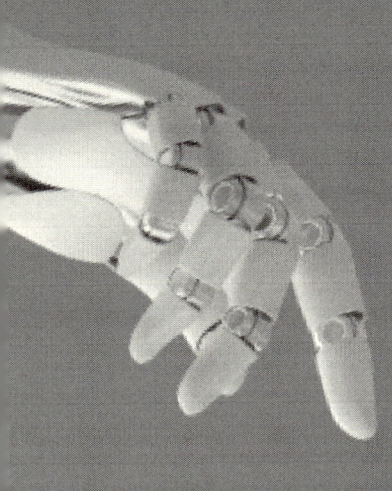

Coty

Ana Carolina Fortes
Iapichini Pescarmona

A realidade é artificial

O tema da inteligência artificial, em especial a inteligência artificial Generativa, está entre os mais comentados e estudados, como também conclamados em todos os eventos que reúnem especialistas das mais variadas áreas e organizações.

Nesse sentido, interessante mencionar que uma pesquisa recente realizada pela McKinsey, com base na entrevista de 350 CEOs e da qual foram mapeadas as 10 macrotendências das organizações, traz em sua lista a aplicação da digitalização e inteligência artificial[1]. Tal pesquisa destaca que para 70% dos líderes o investimento em digitalização vai aumentar nos próximos anos e muitas empresas já estão utilizando IA para melhorar processos de trabalho.

Concordo muito com a declaração de Eleanor Haglund, diretora na NVIDIA, em um dos painéis do Evento SXSW deste ano (2024), quando ela enfatizou que a revolução da IA é semelhante à propiciada pela eletricidade e deve influenciar tudo daqui para frente[2]. Entre as grandes inovações disruptivas que marcaram a sociedade mundial, como a roda, luz artificial, telégrafo, internet, está a inteligência artificial.

---

[1] As 10 macrotendências que estão moldando as organizações brasileiras. Disponível em: https://orgbrtrends2023.mckinsey.com/?utm_source=BrazilJournal&utm_medium=artigo&utm_campaign=orgbrtrends,

[2] Inteligência artificial: debates e insights do SXSW 2024. Disponível em: https://blog.cubo.network/inteligencia-artificial-sxsw

A inteligência artificial já é uma realidade *hypada* que veio pra ficar. E, para que não reste qualquer dúvida sobre isso, seguindo a metodologia sugerida por Guilherme Felice[3] em seu blog "Tecnocracia", podemos avaliar a tecnologia da IA por três prismas: "O principal é a utilidade: a introdução desta tecnologia vai tornar sua vida mais fácil? A segunda é a ancestralidade: essa tecnologia já tentou emplacar e, se sim, qual foi o grau de sucesso? E o terceiro é a realidade: ela já existe em algum grau ou só estão tentando reempacotar algo comum com um elã de histeria?" Nos três critérios a resposta é SIM!

Além disso, é merecedor de nota o fato de as LLM's (modelo de linguagem) advindas da melhoria técnica que introduziu a inteligência artificial Generativa já estar trazendo impactos consideráveis na economia e sociedade e, como não poderia ser diferente, no marketing.

A IA Gerativa, já disponível em diversas plataformas como como ChatGPT, DALL-E 2, Stable Diffusion, entre outras, vai ser a ferramenta indispensável de todo profissional de marketing e que poderá abrir muitas novas oportunidades para melhorar a comunicação e impacto das campanhas junto aos consumidores, o que inclusive já estamos observando concretamente em certa medida, mesmo sabendo que a IA Generativa ainda está só no início de seu desenvolvimento.

A inteligência artificial certamente possibilita e cada vez mais possibilitará aos profissionais de marketing focarem as suas energias e tempo na criatividade, deixando para a IA a execução de tarefas repetitivas.

Entre os possíveis usos da inteligência artificial no marketing, podem-se mencionar: análise de dados, segmentação de audiência, personalização de conteúdo, assistência virtual e *chatbots*, otimização de SEO (Search Engine Optmization), previsão de tendências

---

[3] Além do hype: IA gerativa é revolucionária e perigosa. Disponível em: https://manualdousuario.net/podcast/tecnocracia-77/

e demandas (estoques de produtos) automatização de processos de marketing, recomendação personalizada de produtos, monitoramento de mídia social (em "10 motivos para aplicar a inteligência artificial no marketing digital"[4]).

Com a IA surgem novas preocupações e muitos debates em torno dos riscos envolvidos com a sua utilização, tais como: aspectos éticos e vieses discriminatórios, observância a leis e normas de autorregulamentação publicitária (Código de Autorregulamentação do Conar), respeito aos direitos de propriedade intelectual, direitos autorais e segredos de negócio, riscos de segurança cibernética quanto a perda de dados (*data loss prevention*), privacidade e dados pessoais.

E, diante desses riscos, vemos já algumas iniciativas de marcas que ou proíbem o uso de IA ou incluem cláusulas contratuais que condicionam qualquer uso de IA a autorização prévia.

Interessante notar que, em termos de regulação, hoje temos o IA Act aplicável para a Europa, baseado nos níveis de risco do uso dos diferentes tipos de sistema de IA, mas ainda não temos uma regulamentação específica no Brasil. Recentemente, inclusive, o Presidente do STF, ministro Luís Roberto Barroso, se posicionou em evento internacional favoravelmente à regulação, nas palavras dele, "para impedir que o mal domine essa tecnologia tão poderosa", mas sem ao mesmo tempo coibir a pesquisa e inovação[5].

Se mal utilizada, é fato que a inteligência artificial tem grande potencial de disseminar informações falsas ou enganar pessoas com a utilização de imagens sem a devida autorização como nos tão divulgados casos de celebridades no Brasil e exterior que

---

[4] 10 motivos para aplicar a inteligência artificial no marketing Digital. Disponível em: https://www.meioemensagem.com.br/proxxima/10-motivos-para-aplicar-ia-ao-marketing-digital,
[5] Barroso defende regulamentação da IA baseada em "princípios gerais". Disponível em: https://www.poder360.com.br/justica/barroso-defende-regulamentacao-da-ia-baseada-em-principios-gerais/. Acesso em: 22/04/2024

reportaram que suas imagens estavam sendo divulgadas para promover marcas e produtos que jamais endossaram ou representaram[6]. Alguém poderia imaginar que diante dos riscos da IA veríamos celebridades se preocupando em fazer testamentos para deixar expresso que não estão de acordo com a utilização de sua imagem, holograma e som de voz após a sua morte como o que fez a superstar Madonna?[7]

Em 2023, a ABA saiu na frente ao lançar o seu "Guia sobre os Impactos da inteligência artificial Generativa na Publicidade", trazendo importantes reflexões sobre a utilização ética e responsável da inteligência artificial que, na minha opinião, são fundamentais para todo o profissional que atua com marketing e publicidade na atualidade.

Por outro lado, o tema da IA vem trazendo ainda outra preocupação e incerteza para os tempos modernos diante do potencial da tecnologia de substituir eventualmente a força de trabalho humana e como oferecer proteção aos empregos na área de marketing, se necessário. Em tal cenário, um novo conceito para descrever essa situação desponta como parte da análise da renomada guru futurista Amy Webb: o "FUD", Fear, Uncertainty, Doubts, adaptação do FOMO, "Fear of Missing Out", vem para descrever o clima de ansiedade e incerteza em que vivemos atualmente, dada a velocidade de mudanças tecnológicas e sociais[8].

Estamos nós diante de uma Geração de Transição (GenT)?

Enfim, o momento ainda é de aprendizado, tanto para a inteligência artificial na sua modalidade Generativa, como para

---

[6] Deepfake de Tom Hanks aparece em anúncio nos EUA. Disponível em: https://olhardigital.com.br/2023/10/03/internet-e-redes-sociais/deepfake-de-tom-hanks-aparece-em-anuncio-nos-eua/

[7] Após UTI, Madonna muda testamento e proíbe uso de imagem por IA. Disponível em: https://www.correiobraziliense.com.br/diversao-e-arte/2023/07/5108193-apos-uti-madonna-muda-testamento-e-proibe-uso-de-imagem-por-ia.html

[8] Amy Webb: sobre futuro, transitoriedade e o medo diante das incertezas do nosso tempo. Disponível em: https://www.meioemensagem.com.br/sxsw/amy-webb-sobre-futuro-transitoriedade-e-o-medo-diante-das-incertezas-do-nosso-tempo

os seus usuários nas mais diversas áreas. E, por isso, ainda se faz necessária a cautela e reflexão antes da utilização. Em pesquisa conduzida pela Morning Consult em nome da IBM, conforme matéria divulgada pelo jornal Valor Econômico em 19/03/2024, 92% dos respondentes disseram que governança é um fator fundamental para a IA[9].

Portanto, siga as recomendações e políticas aplicáveis e os já difundidos guias de boas práticas, assim como o valioso guia divulgado pela ABA e "use com responsabilidade, transparência e ética" para que a IA seja uma verdadeira aliada e possamos continuar:

"Amando, Sonhando e nos Emocionando" porque, fazendo referência ao filme "A.I", de Spielberg, que marcou os nossos tempos, pelo menos por enquanto, são coisas que só os humanos conseguem fazer.

---

[9] América Latina e Brasil aceleram implantação de IA, mostra estudo da IBM. Disponível em: https://valor.globo.com/empresas/noticia/2024/03/19/america--latina-e-brasil-aceleram-implantacao-de-ia-mostra-estudo-da-ibm.ghtml

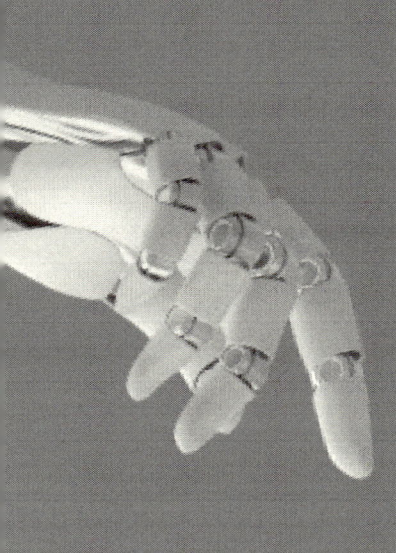

Petrobras

Ana Esteves

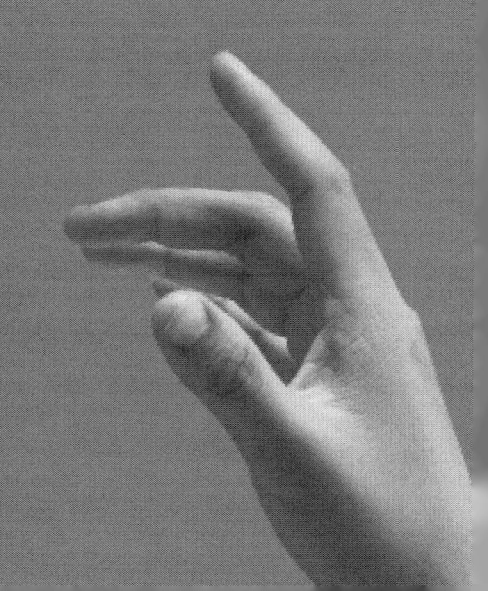

Marketing na era de IA: redefinindo conexões e responsabilidades das marcas

A inteligência artificial não está apenas transformando o campo do marketing; está redefinindo a forma como as marcas se comunicam e se relacionam com a sociedade. Nesta nova era, a personalização em massa se torna uma realidade tangível, permitindo que as empresas não se limitem a responder às necessidades dos consumidores, mas antecipem seus desejos e comportamentos futuros. Esta capacidade de prever e moldar as experiências do consumidor eleva significativamente a reputação das marcas, posicionando-as como líderes visionárias no mercado altamente competitivo.

Com a integração da IA, as estratégias de marketing evoluem de campanhas genéricas para interações altamente adaptadas que refletem uma compreensão profunda dos dados dos consumidores. Algoritmos avançados com capacidade de analisar grandes volumes de dados para identificar padrões de comportamento, preferências e necessidades individuais melhoram a eficácia das campanhas e fortalecem a confiança entre a marca e o consumidor, criam experiências mais envolventes e fortalecem a confiança entre a marca e o cliente.

IA e análise de dados no marketing

A aplicação da IA no marketing pode ser vista em várias frentes, desde a automação de tarefas até a criação de conteúdo. A análise de dados, um dos pilares da IA, permite que as empresas extraiam *insights* valiosos a partir de grandes volumes de informações. No contexto de uma empresa como a Petrobras, a utilização da IA tem sido aplicada em diversos setores, trazendo benefícios significativos: processando e analisando grande volume de dados e otimizando processos, determinando melhores condições operacionais, minimizando custos e impactos ambientais.

No marketing, a análise de sentimentos é outra área em que a IA tem se mostrado extremamente valiosa, ao analisar comentários nas redes sociais, avaliações de produtos e *feedbacks* de clientes, em relação a uma marca ou produto. Isso permite que as empresas ajustem suas estratégias em tempo real, respondendo rapidamente a crises de reputação e aproveitando oportunidades de engajamento positivo.

Transformação digital e experiência do cliente

Brian Solis, um renomado analista digital e futurista, enfatiza a importância da transformação digital centrada na experiência do cliente. Segundo Solis, a experiência do cliente (CX) deve estar no centro de todas as iniciativas de transformação digital. A IA desempenha um papel crucial nesta transformação, permitindo que as marcas criem experiências personalizadas e memoráveis para seus clientes. A IA pode ajudar a mapear toda a jornada do cliente, identificando pontos de contato críticos e oportunidades para melhorar a experiência em cada etapa. Por exemplo, através da análise de dados, as marcas podem identificar onde os clientes encontram dificuldades e implementar soluções automatizadas para resolver esses problemas rapidamente. Isso melhora a satisfação do cliente, além de aumentar a fidelidade à marca.

Solis também destaca a importância de entender a "Jornada Digital do Cliente", um conceito que se refere às interações digitais que os consumidores têm com uma marca ao longo do tempo. A IA pode monitorar e analisar essas interações, fornecendo *insights* sobre como os consumidores se movem através de diferentes canais digitais e como suas preferências mudam ao longo do tempo. Isso permite que as marcas ajustem suas estratégias de marketing para atender melhor às necessidades dos clientes em tempo real.

Responsabilidade, ética e gestão de dados

No entanto, essa confiança deve estar fundamentada na premissa da responsabilidade ética no tratamento de dados. A gestão responsável de dados é crucial no marketing orientado por IA. As empresas devem aderir estritamente às normas de proteção de dados, como a Lei Geral de Proteção de Dados (LGPD) e o Regulamento Geral sobre a Proteção de Dados (GDPR). Violações nesta área não apenas resultam em penalidades legais significativas, mas também em danos irreparáveis à reputação da marca. O compromisso com a privacidade dos dados deve ser inabalável, garantindo que a tecnologia empregada sirva para enaltecer a experiência do cliente, sem comprometer a sua autonomia e segurança.

Além disso, a implementação ética da IA no marketing exige mais do que conformidade legal; exige uma reflexão crítica sobre o papel das empresas na sociedade. As marcas devem questionar continuamente não apenas o "como", mas o "porquê" de suas estratégias de IA. Devem considerar como suas práticas podem influenciar a sociedade de forma mais ampla, trabalhar no modo como elas podem contribuir para a mitigação de desigualdades sociais.

Mitigação de desigualdades e inclusão

A capacidade da IA de ampliar o pensamento crítico nos negócios é imensa. Com tarefas rotineiras sendo automatizadas, os profissionais de marketing têm mais espaço para se dedicar à análise estratégica e à inovação criativa. Este é um convite para as empresas se aprofundarem em questões de impacto social e cultural, explorando como suas campanhas podem, além de servir aos KPI's, refletir e respeitar a diversidade e a inclusão. Integrar esses valores nas estratégias de IA não só atende a uma demanda crescente por responsabilidade social, mas também posiciona a marca como líder ética e inovadora no mercado.

Além disso, a IA pode desempenhar um papel crucial no combate ao racismo algorítmico e à exclusão digital. Algoritmos podem, inadvertidamente, perpetuar preconceitos existentes, se não forem cuidadosamente projetados e monitorados. As empresas têm a oportunidade de usar a tecnologia para criar sistemas mais justos que identifiquem e corrijam vieses, em vez de perpetuá-los. Ao fazer isso, as marcas melhoram sua própria reputação e também contribuem para o progresso de toda a sociedade. Desenvolver algoritmos inclusivos e justos deve ser uma prioridade para qualquer empresa que deseje utilizar IA de forma ética e responsável.

Desafios e oportunidades

Apesar dos inúmeros benefícios, a implementação da IA no marketing não está isenta de desafios. A integração de novos sistemas pode ser complexa e requerer mudanças significativas na infraestrutura existente. Além disso, a capacitação da equipe para lidar com tecnologias avançadas é crucial para garantir o sucesso das iniciativas de IA.

Outro desafio importante é a resistência à mudança. A introdução de IA pode ser vista com ceticismo pelos funcionários, especialmente aqueles que temem que suas funções sejam substituídas por automação. No entanto, esses desafios são superáveis e as oportunidades oferecidas pela IA ultrapassam em muito os obstáculos. As empresas que investirem na integração da IA em suas estratégias de marketing estarão mais bem posicionadas para aproveitar as tendências emergentes e manter uma vantagem competitiva.

O Papel das Empresas na Sociedade

O grande desafio e responsabilidade para as marcas na era da IA não é apenas gerenciar tecnologias emergentes, mas integrá-las de maneira que preservem e enriqueçam a conexão humana. À medida que avançamos, torna-se crucial garantir que a tecnologia, em todas as suas capacidades e potencialidades, seja utilizada de maneira que respeite os valores humanos fundamentais e promova um futuro no qual a tecnologia e a humanidade coexistam em harmonia.

As marcas que conseguirem integrar a IA de maneira ética e responsável terão uma vantagem competitiva significativa. Isso não se trata apenas de cumprir regulamentações, mas de estabelecer um novo padrão de prática que outros seguirão. A responsabilidade social corporativa deve ser um pilar central na estratégia de IA, com as empresas adotando medidas proativas para garantir que suas práticas de IA beneficiem tanto os consumidores quanto a sociedade em geral.

Portanto, enquanto moldamos o futuro do marketing na era da IA, devemos fazê-lo com um olhar cuidadoso para garantir que nossas práticas não só impulsionem o crescimento das marcas, como também cultivem um legado de integridade e responsabilidade. As marcas que incorporarem princípios de ética e inclusão social em suas estratégias de utilização de inteligência artificial prosperarão e guiarão a jornada em direção a um futuro mais equitativo e humano.

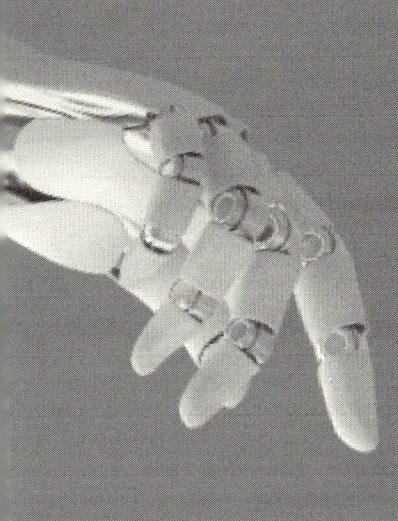

Danone

Andreia Marcelino

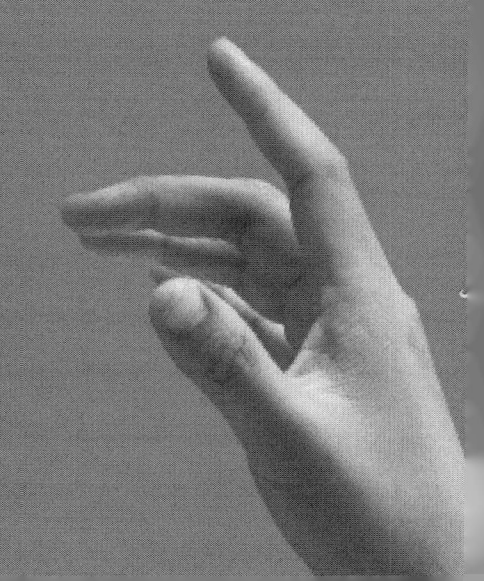

Breves considerações sobre a inteligência artificial generativa, as empresas anunciantes e as agências de publicidade sob o olhar jurídico

A inteligência artificial não é uma novidade dos dias atuais, ela é mencionada, por exemplo, no teste de Alan Turing em artigo de 1950[1]. Atualmente, o que estamos vivendo é uma facilitação do uso da inteligência artificial generativa (GenAI), ou seja, qualquer pessoa por meio de um site ou aplicativo, através do acesso por um smartphone, muitas vezes sem custo, pode ter acesso a uma inteligência artificial que traz resultados rápidos de todos os temas possíveis e com uma assertividade razoável.

O grande desafio hoje, quanto ao uso de GenAI, seja nas empresas anunciantes, seja nas agências de publicidade, é controlar o seu uso, mas sem limitá-lo e ainda garantir que isto ocorra com eficiência e segurança. Para isto, três regramentos são essenciais:

i) o legislativo (leis);

ii) o jurisprudencial (entendimento de Tribunais, Conar, INPI, por exemplo);

iii) o interno (regras e recomendações da própria empresa).

1. Legislativo

A regulamentação da IA varia significativamente de país para país, mas a tendência global é criar regras que equilibrem a inovação com a proteção dos direitos fundamentais dos

---

[1] Computing Machinery and Inteligence

cidadãos e com certeza a legislação continuará a evoluir à medida que a tecnologia avança e os desafios surgem.

2. Jurisprudência

No Brasil o INPI (Instituto Nacional de Propriedade Industrial) já se manifestou afirmando que não é possível ser requerente de pedido de patente como inventora uma de máquina dotada de inteligência artificial[2]. O INPI lembrou ainda que para que isto ocorra é necessário legislação específica, possivelmente antecedida pela celebração de tratados internacionais destinados a uniformizar o tratamento do tema.

Vale lembrar que este mesmo pedido de patente foi feito em outros países na Europa, e nos Estados Unidos já foi indeferido.

Podemos citar como um exemplo de dados criados por GenAI que gerou repercussão no mercado de marketing a campanha da Volkswagen "VM Brasil 70: O novo veio de novo", que trouxe a cantora Elis Regina, falecida em 1982, para cantar a música "Como nossos pais", em uma criação gerada por IA. O caso desencadeou um debate sobre a ética da ressurreição digital, em que imagens de pessoas falecidas são recriadas. Surgiram dois pontos de questionamento:

i) se essa abordagem poderia violar o desejo ou os princípios da pessoa falecida, e

ii) necessidade da transparência no uso de inteligência artificial, ou seja, se deveria ou não informar o emprego de GenAI. O Conar analisou o caso e entendeu que há a necessidade de informar sobre a utilização de IA sempre que houver possibilidade de confusão do consumidor, devendo ter sempre como princípio ético fundamental a

---

[2] Revista de Propriedade Industrial (INPI) 2696, publicada em 6 de setembro de 2022, 33 deu publicidade ao despacho de retirada do pedido BR112021008931-4 relativamente ao depósito de pedido de patente feito por Stephen Thaler, PCT/IBT2019/-57809 publicação internacional WO 2020/079499, de 23 de abril de 2020.

transparência e que no caso o uso de IA estava evidente na peça publicitária. Portanto, este caso trouxe um grande aprendizado para anunciantes e agências de publicidade: se não é claro que estão usando GenAI naquela campanha publicitária, isto é, se o consumidor pode ficar confuso se está diante de uma situação/imagem criada por GenAI, deverá ser comunicado que a sua criação se deu por GenAI.

3. Regras internas das empresas anunciantes e agências de publicidade

'Já o terceiro regramento é o interno (tanto nas empresas anunciantes quanto nas agências de publicidade), que ocorre por meio de políticas, treinamentos, capacitação de empregados e parceiros (o denominado letramento).

Inicialmente é necessário ressaltar que: as leis sobre GenAI ainda estão em elaboração e discussão, portanto, novas leis podem e devem surgir e alterar previsões da Política; obras criadas por GenAI atualmente não gozam, a princípio, de proteção autoral e a maioria das GenAIs, para promover o seu desenvolvimento e treinamento, utilizam obras que não estão em domínio público e, portanto, deveria ser previamente autorizado por seus titulares, porém esta não é a realidade da maioria das GenAIs, como regra, o conteúdo colocado em uma GenAI será transmitido ao provedor da ferramenta e utilizado futuramente para treinar o modelo em que a GenAI é baseado, por isso, sempre que uma empresa/agência de publicidade utilizar elementos trazidos de uma inteligência artificial devem ter em mente este fato, e consequentemente seus dois grandes riscos:

i) ter uma obra criada pela inteligência artificial sem as devidas autorizações, o que pode ensejar questionamentos sobre propriedade intelectual, e

ii) tornar públicas informações, por exemplo, confidenciais, restritas e/ou estratégicas da empresa.

Com estes fatos e riscos, então o primeiro passo ao qual uma empresa deve proceder é a defesa de suas informações confidenciais, restritas e/ou estratégicas, portanto, a primeira política que a empresa precisa estabelecer é a de confidencialidade, na qual deverá definir quais são as informações públicas, quais são informações confidenciais, quais são restritas, quais são estratégias, qual o limite de divulgação de cada tipo de informação, pois esta política será o embasamento para que seus empregados entendam quais informações podem ser divulgadas/ incluídas em GenAI.

Após a elaboração, divulgação e treinamento sobre a política de informações confidenciais então a empresa estará apta para elaboração da Política de Uso de GenAI.

Essa política deve ter por fim ajudar a entender os riscos e limitações das GenAI disponíveis e estabelecer condições para o uso seguro pelos usuários.

Seguem as principais recomendações que uma política de uso de GenAI deve conter:

- Quais ferramentas de GenAI podem ser utilizadas;
- Se a política será instrutiva (com recomendações) ou terá penalidades em caso de descumprimento;
- Necessidade de revisão por um ser humano, pois a GenAI pode trazer respostas incorretas, fantasiosas e/ou preconceituosas. Esta revisão humana deverá verificar se a informação é correta, isto porque que já tivemos casos, por exemplo, em que a GenAI criou jurisprudência[3] e um chat usando GenAI previu uma obrigação

---

[3] Juiz usa inteligência artificial para fazer decisão e cita jurisprudência falsa; CNJ investiga caso | Blog da Daniela Lima | G1. Disponível em: https://g1.globo.com/politica/blog/daniela-lima/post/2023/11/13/juiz-usa-inteligencia-artificial-para--fazer-decisao-e-cita-jurisprudencia-falsa-cnj-investiga-caso.ghtml

inexistente para uma companhia de aviação[4], o que se denomina alucinação da IA;

- Se terão atividades em que a GenAI só poderá ser utilizada como inspiração, não podendo ser totalmente criadas pela GenAI e quais;
- Como utilizar dados pessoais e sensíveis nas GenAIs;
- Recomendações de boas práticas para proteção das informações, por exemplo, sempre que possível desativar o histórico de chat da GenAI;
- Ler e seguir os termos de condições da ferramenta de GenAI;
- Ter registro dos *inputs*, *outputs* e revisões nos conteúdos elaborados por GenAI e disponibilizados externamente.

Recomenda-se ainda que as empresas anunciantes prevejam que as Agências de Publicidade que sejam contratadas por elas tenham regras internas semelhantes sobre o uso de GenAI, inclusive isto deve, sempre que possível, constar em contrato.

Por fim, importante destacar que para o sucesso no uso de ferramentas de GenAIs é essencial um processo de letramento de seu uso para todos (empregados e parceiros), incluindo políticas, guias de boas práticas e treinamentos constantes.

---

[4] Alucinação de chatbot IA pesa no bolso e mancha imagem da Air Canadá - Convergência Digital - Inovação. Disponível em: https://www.convergenciadigital.com.br/Inovacao/Alucinacao-de-chatbot-IA-pesa-no-bolso-e-mancha-imagem--da-Air-Canada-65322.html?UserActiveTemplate=mobile

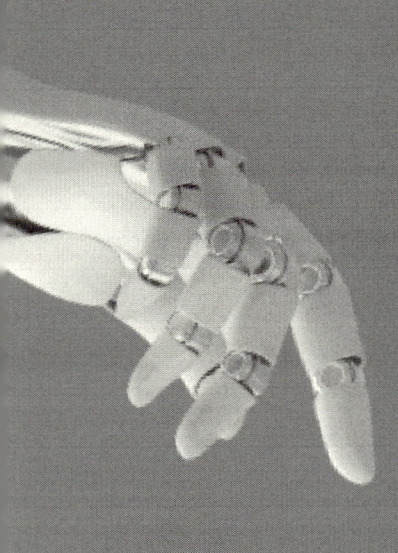

VLK Advogados

Bruna Bigas | Nuria Baxauli

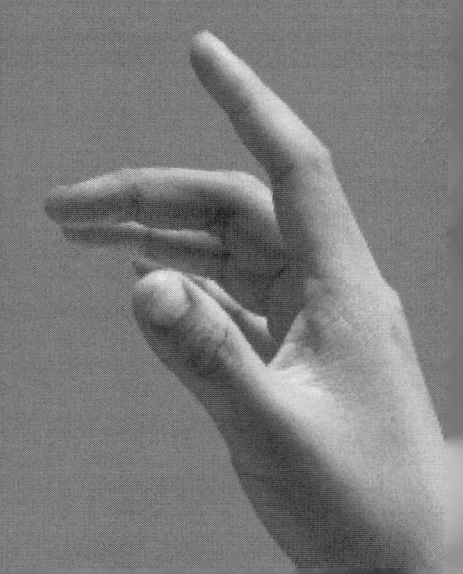

Deepfake e direitos de personalidade: conceituação e desafios práticos

O termo "mídia sintética" trata de denominar o processamento de mídia, como imagens, áudio e vídeo, através do uso de inteligência artificial. Por meio de uma técnica de IA chamada de *machine learning* (aprendizado de máquina), é possível inserir o rosto e/ou voz de um indivíduo em vídeos existentes, criando personificações bastante realistas – o que, popularmente, conhecemos por *deepfake*.

Em que pese a utilização de *deepfake* estar mais associada à criação de mídias sintéticas com propósitos intencionalmente danosos[1], principalmente diante do seu uso na propagação de desinformação e fraudes, temos diversos exemplos de aplicações benéficas da mídia sintética para conscientização da população, desde disseminação de informações sobre saúde e educação com custos de produção mais baixos, uso para prolongar a notoriedade de artistas ou em obras artísticas e peças de marketing.

Diante da importância do direito de imagem no uso de mídia sintética, os direitos de personalidade se destacam neste contexto e são o foco principal deste artigo. Não apenas o direito de imagem, mas também a possível associação da imagem a discursos e ações prejudiciais à honra e à reputação do titular dos direitos são questões relevantes no uso das tecnologias que criam mídias sintéticas.

---

[1] Oliveira, Samuel. 5. Indo além: Introduzindo o debate sobre deepfakes. In: OLIVEIRA, Samuel. Sorria, você está sendo filmado. Ed. 2021. São Paulo (SP): Revista dos Tribunais, 2021.

A Constituição Federal de 1988, em seu art. 5º, X, prevê que "são invioláveis a intimidade, a vida privada, a honra e a imagem das pessoas, assegurado o direito a indenização pelo dano material ou moral decorrente de sua violação". De acordo com Fabio Ulhoa Coelho[2], "os direitos de personalidade são essenciais às pessoas naturais, porque não há quem não os titularize: direito ao nome, à imagem, ao corpo e suas partes, à honra etc.". Assim, qualquer pessoa que for objeto da manipulação da sua imagem ou voz através de IA possui direitos inerentes que deverão ser respeitados.

Nesse contexto, os direitos da personalidade estão positivados nos artigos 11 ao 21 do Código Civil Brasileiro. O artigo 20 traz elementos bastante relevantes como a possibilidade de proibição da exposição ou utilização da imagem de uma pessoa, bem como o cabimento de indenização se o uso lhe atingir a honra, a boa fama ou a respeitabilidade, ou se se destinarem a fins comerciais. O artigo também trata da legitimidade do cônjuge, dos ascendentes ou descendentes de morto ou ausente para requerer proteção nesse sentido.

Ou seja, a partir desse dispositivo legal, é possível interpretar que a criação de mídias sintéticas tem seu uso limitado quando prejudica o titular dos direitos ou é usado para fins comerciais, a menos que haja autorização. No entanto, essa perspectiva ainda gera discussões e pode ser questionada na prática, vide o recente caso envolvendo a cantora falecida Elis Regina.

Em 2023, a Volkswagen, uma das maiores fabricantes de automóveis do mundo, fez uma grande festa para comemorar os seus 70 anos no Brasil – *VW Brasil 70: O novo veio de novo*. Para a cerimônia, a montadora alemã contou com a tecnologia para apresentar sua nova campanha publicitária que tinha o intuito de mostrar a passagem das décadas e a relação de diferentes gerações com os veículos por ela criados. O vídeo de divulgação

---

[2] COELHO, Fábio. 4. Direitos da personalidade In: COELHO, Fábio. Curso de direito civil: parte geral. São Paulo (SP): Revista dos Tribunais. 2016.

contou com a participação de Maria Rita e sua mãe, Elis Regina (1945-1982), representada por meio de mídia sintética. A Elis Regina vista no comercial surgiu após a combinação entre IA para reconhecimento facial e movimentos de uma dublê (a partir de centenas de arquivos de áudio e vídeo, a IA foi treinada para reconhecer as expressões faciais específicas de Elis e aplicá-las sobre a imagem de uma dublê, criando um aspecto realista). Nele, ambas dirigiam dois modelos de Kombi – Elis Regina na Kombi (1957) e Maria Rita a bordo da ID.Buzz (Kombi elétrica lançada em 2023) em uma espécie de "passagem de bastão".

A peça publicitária, no entanto, fez com que o Conar (Conselho Nacional de Autorregulação Publicitária) entrasse com uma representação ética contra a propaganda[3], a Volkswagen e a AlmapBBDO (sua agência publicitária), motivada por queixas de consumidores que levantaram o questionamento sobre a ética na utilização desse tipo de ferramenta para a execução de propagandas, além de questões envolvendo direitos de personalidade.

Segundo o Conar, o processo foi aberto para analisar se:

a) era ético o uso da IA para reproduzir a imagem de pessoa falecida,

b) se os herdeiros poderiam autorizar o uso da imagem de uma pessoa que já morreu para uma peça criada por meio de IA,

c) além do fato de a publicidade não ter alertado o público de que as cenas contavam com uso de IA – o que poderia gerar confusão a parte dos espectadores, sobretudo os que não conhecem Elis e crianças e adolescentes que poderiam ter dificuldades em distinguir o que é real e ficcional.

---

[3] Migalhas. Disponível em https://www.migalhas.com.br/quentes/389733/conar-abre-processo-etico-contra-volks-por-imagem-de-elis-em-comercial. Acesso em: 12 maio 2024, às 20h25.

Após análise do processo, dos argumentos dos consumidores, bem como as defesas apresentadas pela Volkswagen e pela AlmapBBDO, o Conselho de Ética do Conar considerou não existir irregularidade ou qualquer infração ao código de ética por parte da agência ou do anunciante, uma vez que:

i) o uso da imagem de Elis foi feito mediante autorização dos herdeiros, tendo havido consentimento contratual e manifestação pública por eles nesse sentido – embora não haja disposição específica no quadro jurídico brasileiro sobre a transmissibilidade desses direitos, a partir dos artigos 12 e 20 do Código Civil se entende que os herdeiros são os legitimados para tanto;

ii) Elis aparece fazendo algo que fazia em vida – apenas dirigindo e interagindo com sua filha, sem qualquer conotação política ou ideológica, ofensiva ou discriminatória, sem mesmo verbalizar qualquer opinião, impressão ou informação e muito menos qualquer tipo de declaração sobre a marca Volkswagen;

iii) não há qualquer determinação legal que obrigue a sinalização de que determinado conteúdo foi realizado mediante uso de IA – de modo que isso, por si só, não poderia caracterizar falta de ética; e

iv) o uso de IA, nesse contexto, não era passível de gerar confusão ao público infanto-juvenil, pois a linguagem publicitária contida na campanha era claramente direcionada a outro segmento de audiência.

Sendo assim, por maioria de votos, os conselheiros decidiram pelo arquivamento do processo, determinando que a transparência, enquanto princípio ético fundamental da publicidade, foi respeitada no caso em comento, reputando que o uso de inteligência artificial era evidente na peça publicitária e não gerava qualquer tipo de confusão ao público.

É relevante mencionar que o AI Act, primeira legislação compreensiva sobre IA no mundo aprovada na União Europeia, e alguns projetos de lei brasileiros sobre o tema, envolvem a discussão sobre a identificação de conteúdo produzido por IA. Também são discutidos outros critérios para resolver questões como o caso apresentado, a exemplo de uma classificação de risco dos sistemas de IA e/ou sua aplicação em concreto.

Como pudemos ver brevemente, a inteligência artificial pode ser utilizada tanto para o bem quanto para o mal, mas sua restrição ou mesmo proibição não deve ser a resposta. A melhor saída, ao que tudo indica, é que ela seja utilizada de maneira ética e transparente, e regulamentada a fim de mitigar riscos, pois seu uso consciente e ético é um grande ativo para a sociedade enquanto motor para o desenvolvimento social, econômico e para a inovação.

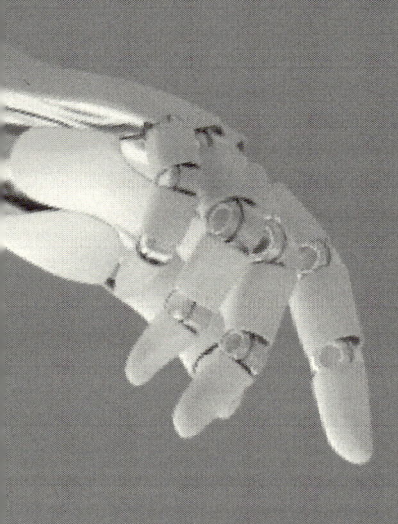

VLK
Advogados

Caio César
Carvalho Lima

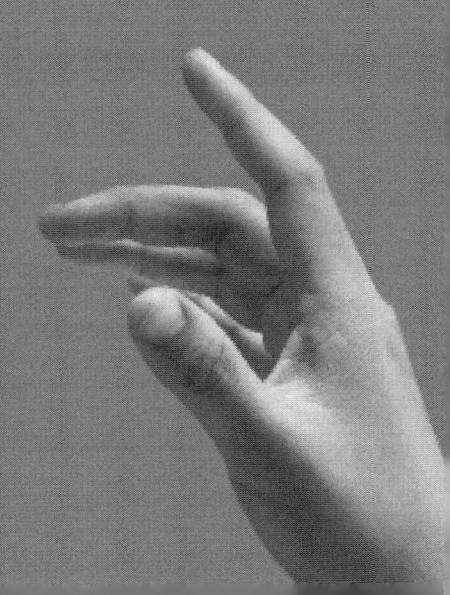

Explorando os Limites do *Fair Use*: uso de obras protegidas no treinamento de sistemas de inteligência artificial

1. *Fair Use* (Uso Justo): origem e aplicação no Brasil

A doutrina do *Fair Use* (Uso Justo), originada nos Estados Unidos, pode ser traduzida na possibilidade de utilização de obras protegidas por direitos autorais (*copyright*). Para chegar à conclusão sobre sua aplicação, quatro princípios devem ser sopesados, conforme informações do *US Copyright Office* (natureza e forma da utilização, natureza da obra utilizada, proporção quantitativa e substantiva da obra protegida utilizada e efeitos da utilização no mercado)[1].

No Brasil, apesar de o *fair use* não estar positivado expressamente na Lei de Direitos Autorais ("LDA"), é importante levar em conta que:

i) Os artigos 46 e seguintes da LDA apresentam exceções positivadas aos direitos patrimoniais do autor – discute-se se o rol do artigo 46 é taxativo[2] ou exemplificativo (REsps 964404/ES e 1320007/SE);

ii) A jurisprudência do Superior Tribunal de Justiça (STJ) adotou entendimento próximo ao *Fair Use* na "regra

---

[1] WOLFSON, Stephen. Fair Use: Training Generative AI. Disponível em: https://creativecommons.org/2023/02/17/fair-use-training-generative-ai/
[2] Artigo Exceções e Limitações. Disponível em: http://eduardomagrani.com/wp-content/uploads/2019/05/ARTIGO-EXCECOES-E-LIMITACOES-2019.1.pdf. Acesso em: 15 maio 2024.

dos três passos", possibilitando a aplicação do art. 46, desde que atendidos estes requisitos: a) se trate de hipótese especial; b) não conflite com a exploração comercial normal da obra; e c) não prejudique injustificadamente os legítimos interesses do autor;

iii) Já existem julgados que citam expressamente o *Fair Use* em seus fundamentos.

É possível, portanto, aplicar o *Fair Use*, de acordo com a legislação brasileira, como parâmetro para uso lícito de uma obra protegida. Mas será que isso também é possível para fins de treinamento de sistemas de inteligência artificial?

2. Uso Justo e Treinamento de IA

Para aprofundar essa discussão sobre a aplicabilidade do Uso Justo para o treinamento de IA, importante compreender que, quando determinada obra passa a ser usada para essa finalidade, ela perde seu caráter de trabalho artístico, literário ou científico e passa a ser utilizada como um conjunto de dados[3].

Além disso, considerando que grande volume de conteúdo costuma ser utilizado nesses treinamentos, há tendência de que os *outputs* sejam diferentes das obras que serviram para o aprendizado do sistema[4].

Ademais, há na doutrina a posição de que mesmo quando o treinamento envolve a cópia de toda a obra protegida, não são utilizados os elementos qualitativos da obra (aspectos criativos efetivamente protegidos), mas apenas aspectos não diretamente protegidos (fatos, ideias, estruturas de sintaxe e similares)[5].

---

[3] WOLFSON, Stephen. Op cit.
[4] State of Israel Ministry of Justice. OPINION: USES OF COPYRIGHTED MATERIALS FOR MACHINE LEARNING. Acessível em: https://www.gov.il/BlobFolder/legalinfo/machine-learning/he/18-12-2022.pdf. p. 18.
[5] WOLFSON, op. cit.

Importante ponderar, também, se a obra protegida, quando utilizada para treinamento de sistema de IA, não implicará prejuízo para a exploração econômica usual da obra pelo autor[6], situação que pode prejudicar a aplicação do Uso Justo.

Não deve ser ignorada, também, a possibilidade de utilização de obras protegidas para o treinamento de sistemas de IA com o objetivo de produzir outros conteúdos que concorram diretamente com seu criador original, por meio de criações que mimetizem o seu estilo para atrair o seu público[7] – prática que pode ser entendida como similar à violação de *trade dress*.

Certo é que, para se entender se é possível sustentar a tese do *Fair Use* em determinado caso concreto, isso deverá ser avaliado individualmente e independentemente da licitude do uso da obra no treinamento do sistema – isto é, o *output* deverá se enquadrar em alguma das hipóteses permissivas do artigo 46 e seguintes da LDA.

Isso porque, caso se constate, por exemplo, que o resultado gerado pelo sistema de IA viola os direitos autorais de terceiros, o desenvolvedor e eventuais utilizadores do resultado desconforme poderão ser responsabilizados pela utilização indevida do material protegido, independentemente da discussão sobre a licitude do material utilizado para treinamento.

2.1. Caso prático e acordos

Seguem informações sobre um caso prático relevante e dois acordos envolvendo o tema:

– **NEW YORK TIMES ("NYT") V. OPENAI, INC. e MICROSOFT:** o NYT está processando as empresas criadoras do ChatGPT por questões de direitos autorais. Na ação o NYT afirma que milhões de seus artigos foram usados para treinar *chatbots*, que agora competem com o meio de comunicação

---

[6] WOLFSON, op. cit.
[7] WOLFSON, op. cit.

original, como fonte de informação confiável. A reclamação cita vários exemplos de situações em que o sistema dos réus forneceu aos usuários trechos quase literais de artigos do NYT, que inclusive exigiriam assinatura paga para visualização.

O processo movido pelo NYT também considera os sistemas de IA como potenciais concorrentes nos negócios de imprensa. O NYT expressa preocupação com o fato de os leitores ficarem satisfeitos com a resposta de *chatbot* e se absterem de visitar o *site* do jornal, reduzindo assim o tráfego na web, o que também pode ser traduzido em publicidade e receitas.

— **OpenAI e *Associated Press* ("AP")**: o acordo prevê a disponibilização de conteúdos específicos da AP, produzidos desde 1985, para treinamento dos modelos de IA da Open AI, pelos próximos dois anos. Por outro lado, a AP terá acesso às ferramentas e produtos da Open AI, utilizando-as para dar mais eficiência na produção de notícias.

— **OpenAI e *Financial Times* ("FT")**: a OpenAI e o FT anunciaram parceria estratégica voltada para a exploração da IA na produção de conteúdo jornalístico, aprimorando a precisão no processo editorial. Isso inclui desde a pesquisa e coleta de informações até a redação e edição final dos artigos. Ao integrar essas ferramentas de IA ao seu fluxo de trabalho editorial.

3. Conclusões

À medida que a tecnologia avança e a inteligência artificial se torna cada vez mais integrada ao nosso cotidiano, questões jurídicas complexas surgem, como essa do uso de obras protegidas por direitos autorais para o treinamento de sistemas de IA. O debate em torno da aplicabilidade do *Fair Use* nesse contexto revela a interseção entre a inovação tecnológica e os princípios fundamentais do direito autoral, exigindo análise cuidadosa por parte dos legisladores, juristas e técnicos.

A partir das discussões aqui apresentadas, a aplicação do *Fair Use* para o treinamento de IA não é questão simples e direta. Enquanto em alguns casos a transformatividade do uso e a minimização do impacto no mercado podem sustentar a aplicação desse conceito, em outros, questões como a natureza e extensão do uso das obras protegidas podem levantar discussões significativas sobre os direitos dos autores.

A ausência de regulamentação clara e abrangente, nos âmbitos nacional e internacional, traz complexidade a essa questão, deixando espaço para interpretações potencialmente conflitantes. As parcerias e os acordos entre empresas de tecnologia e detentores de direitos autorais, como os exemplos citados neste artigo, indicam a busca por soluções colaborativas e orientadas para o futuro.

À medida que continuamos a explorar os limites e as possibilidades da IA, é essencial encontrar o equilíbrio entre a promoção da inovação e a proteção dos direitos dos criadores de conteúdo.

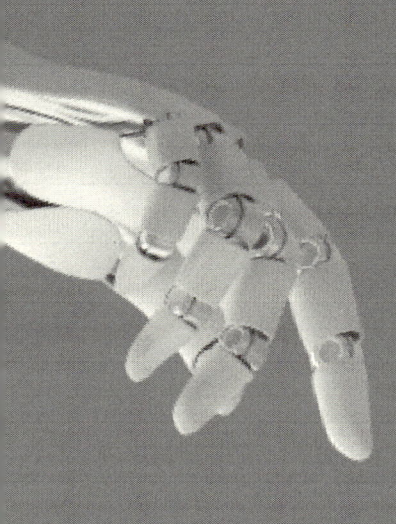

TIM

Camila Ribeiro

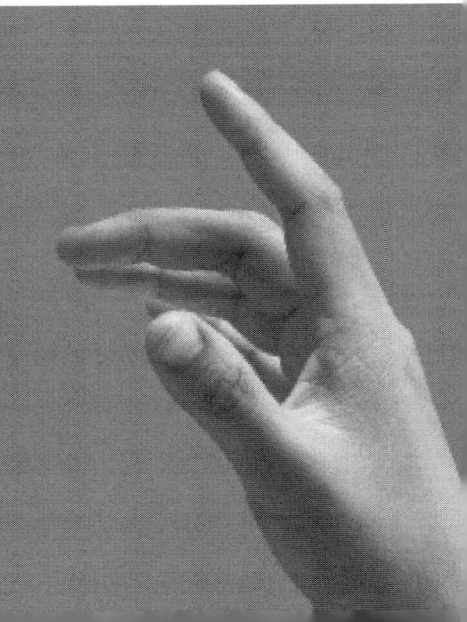

Copiloto, cocriadores ou codependentes?

Eu: Como eu deveria começar um capítulo para um livro sobre inteligência artificial e o marketing?

ChatGPT: Você poderia começar com uma citação inspiradora sobre a interseção entre inteligência artificial e marketing, ou talvez mergulhar diretamente em um exemplo impactante de como a IA está transformando a maneira como as empresas se conectam com os clientes.

Eu: E se eu quisesse ser mais ousada? Como deveria começar?

ChatGPT: Que tal começar com uma pergunta provocativa que desafia os conceitos tradicionais de marketing e introduz a ideia revolucionária de como a inteligência artificial está remodelando completamente a paisagem do marketing moderno? Algo como: "E se eu lhe dissesse que a inteligência artificial não apenas está mudando a forma como fazemos marketing, mas também está redefinindo o próprio significado de conexão entre marcas e consumidores?"

Eu: Algo menos óbvio, talvez?

ChatGPT: Que tal começar com uma cena intrigante que mergulha diretamente na ação, mostrando um momento tenso onde a IA está sendo utilizada para tomar uma decisão crucial em uma campanha de marketing, deixando os leitores ansiosos para descobrir como essa situação se desenrola e o impacto que terá no futuro do marketing?

Eu: Mais inspirador?

ChatGPT: Que tal começar com uma narrativa envolvente que transporta os leitores para um futuro onde a inteligência artificial e o marketing se fundem em uma sinfonia de inovação e criatividade? Você pode descrever uma cena utópica onde as empresas utilizam a IA para criar experiências personalizadas incríveis para os clientes, abrindo as portas para um mundo de possibilidades emocionantes e inspiradoras.

Essa conversa tomou lugar em um sábado à noite, já avançada na hora e que a inspiração insistia em não aparecer para começar este texto. Um assunto com tantos ângulos e tantas abordagens. Novo, apesar de velho. Animador, e ao mesmo tempo assustador, e que nos deixa ansiosos, pois, com certeza, enquanto estava pensando nessa frase novas ferramentas foram lançadas e algoritmos atualizados, e eu já estou desatualizada novamente. Como diria Amy Web, o FUD é real (FUD = *fear of uncertainty and doubt*).

Olhando para a história, a inteligência artificial nos ronda desde os anos 1960, com a invenção do seu termo em um laboratório no MIT, nos EUA. Na mesma época, o marketing começa a ganhar os contornos da base que conhecemos hoje. Estimulado por um mundo pós-guerra, em que a produção em massa já não era mais a única saída, a capacidade de analisar para compreender o mundo ao seu redor e propor soluções para os problemas atuais se tornava a nova forma de se conectar com as pessoas.

Anos passam, teoria, prática e tecnologia avançam. O marketing já está na sexta temporada da série "kotleriana". Ao mesmo tempo, o poder computacional aumenta e termos como supercomputadores, algoritmos, internet das coisas, e, ultimamente, inteligência artificial e *prompt* passam a fazer parte do nosso dia a dia.

No paralelo vemos a proliferação dos canais de consumo,

a queda das barreiras entre físico e digital, o avanço das redes sociais e as novas formas de conexão e comunicação. A ressignificação do funil de consumo, que está mais difuso do que nunca, e que hoje serve a múltiplas gerações que consomem, ao mesmo tempo, as mesmas marcas, mas por motivos diferentes.

Ambos os campos então colidem e aumentam quando a disciplina de marketing passa a ser orientada a dados, e que a inteligência artificial, especialmente a generativa, surge como ferramenta para analisar e decodificar esses mesmos dados, que hoje não são mais gerados aos milhares, mas sim aos milhões por segundo. A evolução das tecnologias e da revolução digital faz surgirem não apenas novas métricas, mas novos modelos de negócio.

Isso tem impacto não apenas no marketing, que passa então a ampliar seu papel de atuação e escopo, adicionando à sua essência de ser a voz do consumidor dentro das empresas o de ser também o decodificador dos impactos que tais comportamentos têm em diversas áreas, não apenas dentro de campanhas ou lançamentos de produtos, mas influenciando as relações que todas as áreas que tocam o negócio têm. Uma junção que puxa os limites de atuação e as capacidades necessárias para que as empresas possam atuar e interagir em um ecossistema em constante evolução.

Antes, tínhamos as ferramentas, mas não tínhamos os dados. Hoje, temos uma avalanche de dados e buscamos cada vez mais outras formas de analisar e apresentá-los. Essa é a grande revolução. E é daí que vem a inovação. A capacidade de conhecimento profunda e tridimensional do consumidor abriu portas que antes podiam até ser pensadas, porém não exequíveis. O clichê "o céu é o limite" pode ser trocado por "o poder computacional é o limite".

O avanço da inteligência artificial traz consigo a capacidade de entender e apresentar o mundo ao nosso redor de forma mais ampla, rápida e granular. Não é à toa que o "IA para tudo" é o momento em que vivemos. A captação e análise de dados que vemos hoje é sem precedentes. Conseguimos decodificar as tendências e traçar estratégias mais assertivas a partir do momento em que não estamos apenas juntando 10 ou 20 pontos de informações, mas centenas ao mesmo tempo. Para quem souber ousar, a inteligência artificial será uma grande copilota na hora de navegar pelo mundo ambíguo e incerto em que vivemos.

Para outros, uma grande cocriadora, expandindo nossa capacidade criativa, traduzindo sentimentos e sensações em *insights*, e vice-versa, sendo capaz de criar mundos e conexões que antes pareciam imaginários. A revolução na criatividade é veloz, na fusão homem-máquina e na criação de universos com Sora do OpenAI, por exemplo. E isso torna a criatividade ainda mais crucial e importante. Se pensarmos que há quase 70 anos Niemeyer desenhou os monumentais palácios de Brasília praticamente sem um computador, imagine o que ele faria hoje com todas as ferramentas disponíveis? *Input* criativo gera *output* criativo.

Temos a nosso dispor um quase sem-número de possibilidades de ferramentas, todas com vários prós, e muitos contras, e dentro do papel de alicerce que o marketing possui fazer as perguntas corretas dentro do seu próprio processo é essencial para que a inovação e o progresso sejam feitos de forma atenta e responsável. Ser propositivo nas implicações que a inteligência artificial traz consigo, como a perpetuação de bias em relação a gênero, raça, orientação sexual, entre outros, é apenas uma delas. Uma ferramenta criada a partir de bases de dados feitas por humanos deve ser tratada com o olhar atento e questionador sobre "quem está nos representando no algoritmo?". Além disso, discussões sobre direitos autorais, disseminação de informações incorretas, o alto custo ambiental e humano (quando olhamos a moderação como é feita atualmente) compõem um cenário maior do que apenas o *hippie* das ferramentas.

Como disse Rohit Bhargava, estrategista de marketing: "Pessoas que entendem pessoas sempre vencem". Esse ainda será o grande diferencial humano na interação com qualquer que seja a ferramenta. Hoje, inteligência artificial generativa, amanhã, não sabemos ainda qual será.

Se há dez anos o futuro era de quem soubesse programar, hoje com a linguagem dos modelos cada vez mais acessível e próxima da forma com que falamos e interagimos, o futuro passa pelo conhecimento de como fazemos perguntas, e interpretamos suas respostas. Um presente orientado para um futuro, orquestrado por humanos, aumentado pela inteligência artificial, feito por máquinas e repensado pela sociedade.

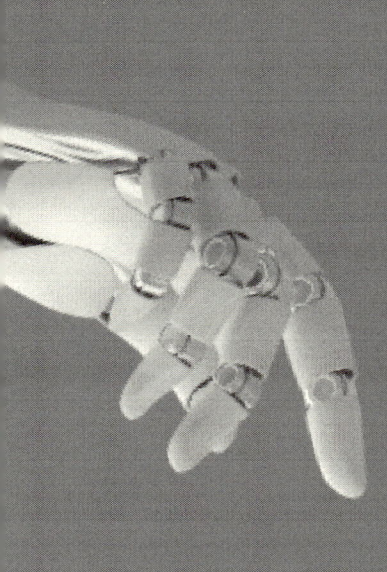

Fundação Dom Cabral

Daniel Aguado

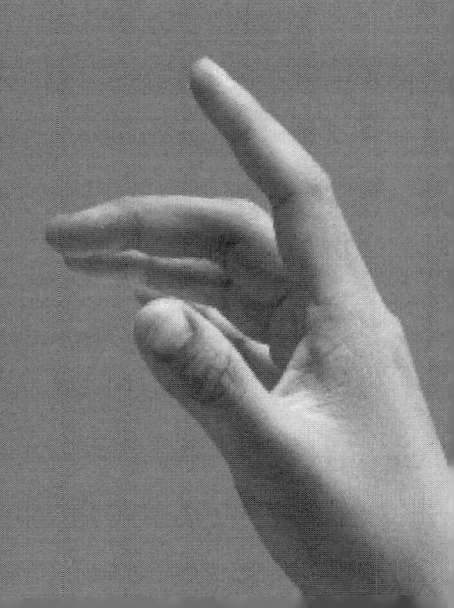

A inteligência artificial *versus* as habilidades humanas

De tempos em tempos, os profissionais de marketing são arrebatados pela chegada de novas tecnologias, em geral, incorporadas imediatamente para alavancar os resultados e aumentar o engajamento das marcas junto aos seus consumidores. Na prática, um processo de inovação recorrente e capaz de gerar muitos ganhos para anunciantes, agências, veículos de comunicação e consumidores, desde que a adoção de um número exponencial de ferramentas de marketing e de inteligência artificial não se sobreponham à razão de existir de uma marca: criar conexões duradouras com os seus *stakeholders*.

Longe de ser um discurso retrógrado e antitecnologia, o meu convite é para refletirmos sobre o ponto de equilíbrio ideal entre o uso das novas tecnologias de inteligência artificial *versus* as reais necessidades e as motivações dos nossos consumidores. A tecnologia, sem um bom repertório cultural e social, pode não ser suficiente para a construção de marcas longevas e consistentes, oferecendo ao mercado valores que ultrapassam atributos funcionais e com baixo potencial de diferenciação.

Ainda nesse contexto e de acordo com o artigo publicado em junho de 2023 no portal Seja Relevante, da Fundação Dom Cabral, os professores Fabian Salum, titular de Estratégia e Inovação, Paulo Vicente, titular de Estratégia, e Karina Coleta, professora associada de Estratégia, ambos docentes da instituição, afirmam que "apenas a mente humana é capaz de levantar uma série de cenários, probabilidades, correlações e aspectos empíricos de forma analítica". Para eles, mesmo os equipamentos mais avançados de inteligência artificial e *machine learning* não são capazes — pelo menos até agora — de tomar decisões com a mesma amplitude humana, medindo consequências, impactos e efeitos. "Sobretudo nas atribuições designadas a líderes no esporte, na política, na gestão empresarial, na prescrição médica etc. Nossas vidas são pautadas por escolhas e consequências", destacam os professores.

Assim, é possível considerar que o uso da inteligência artificial combinado com as habilidades comportamentais dos profissionais de marketing será uma das maneiras mais assertivas de avançar no relacionamento com os clientes e no sucesso dos negócios, promovendo a combinação das competências humanas e artificiais para o atingimento de resultados mais eficientes e alinhados às expectativas dos consumidores. Afinal, num mundo hiperconectado e com uma ampla dispersão de mensagens, garantir que a sua marca se destaque entre milhares de outras seguramente é um ganho exponencial de performance. No entanto, entregar apenas performance não será suficiente para que os consumidores as prefiram ao longo do tempo. Assim, conseguir capturar e compreender as motivações humanas em toda a sua amplitude, algo ainda limitado às ferramentas de inteligência artificial, é uma atribuição por ora delegada ao profissional de marketing, que tem a obrigação de manter um repertório cultural e social muito afinado com as necessidades da sociedade em constante evolução.

Para além de executar uma comunicação engajadora e efetiva, o profissional de marketing exerce um papel fundamental nas organizações, atuando de maneira direta na definição das estratégias de curto, médio e longo prazo para os negócios, bem como articulando com diferentes *stakeholders* questões sensíveis à tomada de decisão das lideranças e das equipes. Nesse quesito, acredito que a inteligência artificial terá um papel muito secundário nessa atuação, visto que as habilidades comportamentais se sobrepõem drasticamente às habilidades técnicas quando falamos das relações humanas nas organizações. Quantas campanhas bem embasadas em dados e com alto potencial de gerar resultados às marcas já não foram engavetadas por falta de apoio político dentro das organizações? Será que a inteligência artificial consegue fazer uma leitura tão complexa dos cenários organizacionais, onde muitas coisas não são ditas, mas são determinantes para a validação de uma ideia? Por isso, a atuação inteligente e integrada entre a tecnologia e as competências humanas tende a ser a única forma de superar essas barreiras invisíveis, mas tão críticas para o sucesso do marketing hoje, amanhã e sempre.

Isto posto, com demandas cada vez mais complexas e simultâneas, é improvável pensarmos num marketing ágil sem a adoção da inteligência artificial para suportar o processo de desenvolvimento e de tomada de decisão baseada em fatos, dados e na análise preditiva do comportamento de compra dos consumidores — algo indispensável nos dias de hoje. De acordo com o renomado autor Philip Kotler, em seu livro *marketing 5.0*, "a criação de um ecossistema de dados é o pré-requisito para a implantação dos usos práticos do marketing 5.0[1]. Ele permite que o profissional da área realize o marketing preditivo, estimando o retorno potencial de qualquer investimento em marketing". Ainda segundo o autor, atuar de maneira alinhada aos cinco componentes do marketing 5.0 "permite que o profissional entregue marketing personalizado e contextual a cada cliente individualmente no ponto de venda". Trata-se de uma oportunidade exponencial de gerar interações mais assertivas e intencionais, promovendo uma experiência nunca experimentada anteriormente na relação entre as marcas e os consumidores.

É, sem dúvida, revolucionário pensarmos que nos próximos anos a disciplina de marketing estará totalmente transformada a

---

[1] KOTLER, Philip. marketing 5.0. São Paulo: Editora Sextante, 1ª edição, 2021 — Os cinco componentes do marketing 5.0 são: marketing direcionado por dados, marketing preditivo, marketing contextual, marketing aumentado e marketing ágil.

partir da adoção de novas tecnologias, capazes de maximizar os resultados, os investimentos, as mensagens e os níveis de personalização da abordagem com os *stakeholders*. E, mesmo assim, a análise crítica e criativa do profissional de marketing permanecerá indispensável para consolidar os dados e as informações estáticas, garantindo que todos os pontos de contato com a marca tenham a sua motivação humana transmitida de maneira delicada, bem-humorada, direta ou simplesmente para que seja memorável naquele instante. Certamente, o desenvolvimento dos profissionais e das lideranças de marketing será o ponto mais crucial para o sucesso dessa revolução cultural que está ocorrendo na relação entre marcas, consumidores e sociedade. E, reafirmo, não se trata de desenvolver apenas excelentes técnicos em gestão de ferramentas de IA. O fato é que sem as habilidades comportamentais necessárias para a gestão de um marketing cada vez mais complexo e tecnológico o risco é tornarmos todas as comunicações extremamente pasteurizadas e sem qualquer capacidade de gerar envolvimento emocional com as pessoas.

Por fim, apesar da relevância em torno do uso de novas tecnologias e da incorporação da inteligência artificial no cotidiano das marcas, o fator humano tende a ser o processo mais crítico para o sucesso de uma organização. O momento exige profissionais capazes de alcançar os objetivos de negócios integrando as necessidades das marcas, dos consumidores e da sociedade. Gerar impactos positivos reais é uma obrigação do novo marketing e a inteligência artificial pode potencializar muito esse alcance. Dessa forma, sem minimizar a importância dos aprendizados técnicos para o domínio das novas tecnologias, acredito que devemos considerar, nessa jornada de desenvolvimento, a busca pelo nosso *Ikigai*[2], conceito da cultura japonesa muito bem retratado pelo autor Ken Mogi, que destaca que, "em um nível individual, o *Ikigai* é uma estrutura motivacional para nos fazer

---

[2] MOGI, Ken. Ikigai: os cinco passos para encontrar seu propósito de vida e ser mais feliz. São Paulo: Astral Cultural, 2018.

seguir em frente, para nos ajudar a acordar de manhã e começar a fazer as coisas. Além do mais, na cultura japonesa, o *Ikigai* tem muito a ver com estar em harmonia com o meio ambiente, com as pessoas ao redor e com a sociedade de um modo geral, sem a qual a sustentabilidade é praticamente impossível". Certamente, o equilíbrio entre a razão das novas tecnologias e a emoção que orienta a tomada de decisão das pessoas será o único caminho para construirmos marcas sustentáveis no tempo e que gerem impacto positivo à sociedade, em todos os aspectos das melhores práticas ESG.

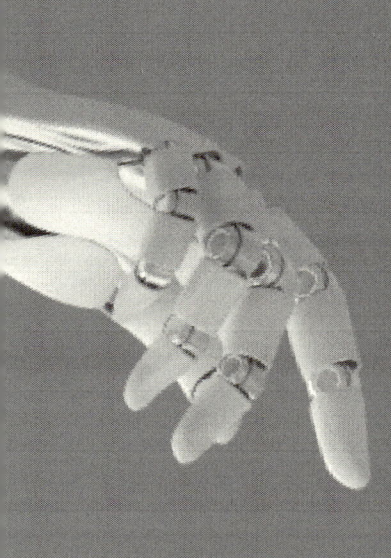

Kimberly-Clark

Daniela Thompson S. Martinez | Renato Bordini Megda

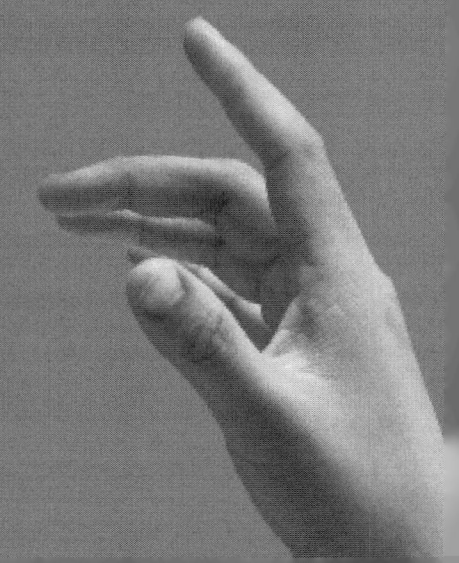

Revitalizando artes de embalagens com IA: um caso hipotético

Introdução

A inovação e a adaptação às novas tecnologias são essenciais para que uma indústria se mantenha competitiva e relevante. Uma tendência em ascensão é a utilização da inteligência artificial para criar imagens inovadoras nas artes das embalagens de produtos. Essa abordagem oferece uma maneira mais rápida, menos custosa e eficaz de transmitir aos consumidores a experiência da marca de forma única e diferenciada.

Nesse cenário, exploraremos um caso fictício em que uma indústria decide adotar essa tendência de inovação. A empresa contrata uma agência de publicidade especializada na geração de imagens por meio da IA, com o objetivo claro de desenvolver artes que reflitam a inovação e originalidade desejadas pela marca, alinhando-se às expectativas dos consumidores atuais.

O processo criativo e a negociação do contrato

A agência escolhida inicia o trabalho utilizando três ferramentas distintas de IA para gerar uma série de imagens únicas e exclusivas. A decisão de optar por ferramentas de assinatura premium, que oferecem serviços não gratuitos e mais seguros, visa mitigar riscos. Desde o início, a agência deixa claro que não aceitará responsabilidade por indenizações acima do valor contratado em caso de reclamações por terceiros. Essa limitação de responsabilidade leva à abdicação da escolha do foro para disputas futuras por parte da agência.

Durante a negociação, a agência também preserva seu segredo comercial: os *prompts* utilizados para gerar as imagens. A indústria, por sua vez, busca garantias de que esses *prompts* não violarão direitos de propriedade intelectual de terceiros, o que é incluído no contrato. A indústria assume outros riscos associados à atividade, confiante na documentação meticulosa do processo de criação das imagens pela agência.

Humanização e propriedade intelectual

A humanização das imagens geradas pela IA é um aspecto crítico. A agência trabalha cuidadosamente para garantir que as imagens tenham um toque humano, essencial para criar conexões emocionais com os consumidores e mitigar riscos legais e éticos. A exclusividade de uso das imagens é garantida por contrato, assegurando proteção por propriedade intelectual e evitando disputas futuras. A relevante participação do trabalho humano torna o resultado verdadeiramente exclusivo e passível de proteção.

Economia e eficiência

A escolha de utilizar a IA na criação das imagens traz economia de custos significativa e aumenta a eficiência e rapidez na aprovação das artes das embalagens. A indústria evita contratar modelos fotográficos e pagar direitos autorais e de imagem, despesas tradicionalmente altas no orçamento de marketing. A agência traduz com precisão o *briefing* da indústria nos *prompts*, permitindo o lançamento assertivo de produtos baseado em pesquisas de mercado anteriores.

Garantias e Direitos Autorais

Para garantir a originalidade das imagens e evitar qualquer violação de direitos autorais, a agência realiza uma extensa pesquisa na internet para confirmar que as imagens geradas e humanizadas eram de fato inéditas. Além disso, assegura a exclusividade das imagens para a indústria contratante, mantendo em arquivo todos os termos e condições das ferramentas de IA utilizadas durante a geração das imagens para consultas futuras. Essa abordagem proporciona uma segurança jurídica adicional e uma transparência no processo, o que é muito valorizado pelas regras de conformidade da indústria.

Conclusão

Este caso fictício destaca a importância de abraçar novas tecnologias e a IA como ferramentas poderosas para inovação. Ele demonstra que, com a devida diligência e uma abordagem colaborativa entre indústrias e fornecedores de tecnologia, é possível alcançar resultados excepcionais que beneficiam tanto a marca quanto os consumidores. A parceria entre a indústria e a agência é um exemplo inspirador de como a tecnologia pode ser utilizada para criar não apenas produtos, mas também histórias que ressoam com o público e fortalecem a identidade da marca.

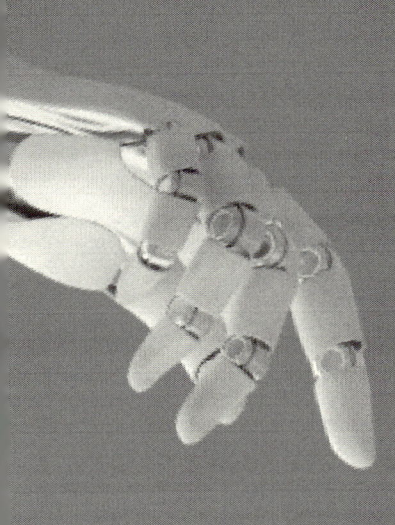

VLK
Advogados

Gisele Karassawa

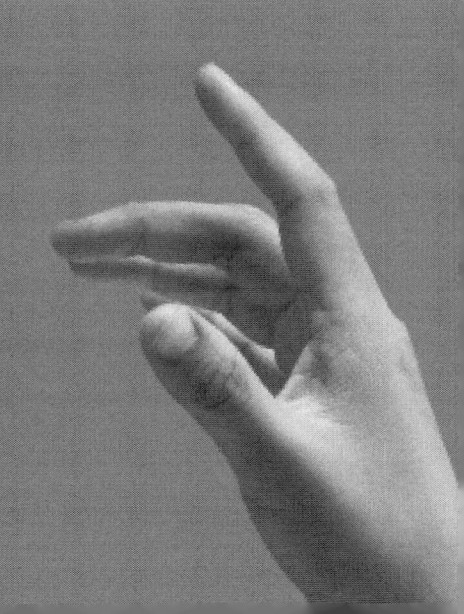

Inteligência artificial e autorregulamentação publicitária

1. Introdução

O dicionário Collins elege anualmente as palavras que mais se destacaram e, em 2023, foi a vez da inteligência artificial. Embora o termo soe contemporâneo, ele foi criado em 1955 por John McCarthy, professor da Stanford University, como a ciência e engenharia de produzir sistemas inteligentes. Em outras palavras, IA é a capacidade das máquinas de reproduzir habilidades similares às de um ser humano a partir de uma base de dados.

O frenesi causado pela ferramenta ganhou destaque há pouco tempo com o lançamento do ChatGPT, que atingiu 100 milhões de usuários[1] em apenas dois meses. Em relatório publicado em 2023 pela McKinsey[2], foi mapeado que o uso da IA Generativa poderá movimentar a economia mundial em até USD 4,4 trilhões por ano, sendo que 75% desses valores se concentrarão nos setores de marketing e vendas, P&D, operações relacionadas a clientes e engenharia de software.

Especificamente quanto ao setor de marketing, em 2023 a Capgemini Research Institute[3] divulgou estatísticas expressivas

---

[1] Deloitte Insights - Tech Trends 2024, pg. 18
[2] The state of AI in 2023: Generative AI's breakout year. Disponível em https://www.mckinsey.com/capabilities/quantumblack/our-insights/the-state-of-ai-in--2023-generative-ais-breakout-year#/.
[3] Generative AI and the evolving role of marketing: A CMO's playbook. Disponível em https://www.capgemini.com/insights/research-library/cmo-playbook-gen-ai/.

quanto à adoção da IA. A partir de entrevistas com 1.800 CMO's de 14 países, incluindo o Brasil, foi identificado que 62% do orçamento em tecnologia para as áreas de marketing das empresas foi alocado para soluções de IA Generativa, sendo a criação de imagens e vídeos para campanhas publicitárias um dos usos mais recorrentes (59% dos entrevistados). Estes números confirmam a tendência de que o uso da IA como suporte à criação publicitária já é uma realidade presente no mercado e levanta preocupações especialmente de natureza ética.

2. O papel do Conar e a autorregulamentação da publicidade

Há mais de 40 anos, o Conselho Nacional de Autorregulamentação Publicitária (Conar) tem sido um grande *case* de sucesso de autorregulação. Suas decisões, proferidas a partir da provocação da sociedade, de anunciantes ou até mesmo de ofício para verificar o cumprimento do seu Código (CBAP), são extremamente respeitadas pelo ecossistema de publicidade e comunicação e subsidiam até mesmo decisões judiciais sobre o tema.

Preocupado em manter sua atuação relevante e atual, o Conar vem atento à manutenção da ética publicitária, seja por meio de suas decisões, seja incluindo novos dispositivos no CBAP e/ou por seus materiais informativos. Neste contexto, vale refletir sobre qual o melhor caminho de abordagem sob o viés de autorregulamentação quando o assunto é IA, posto ser inegável que a Economia Criativa, incluindo as áreas de marketing e publicidade, já tem utilizado a IA como ferramenta proporcionadora de experiências customizadas aos clientes, criação de campanhas, geração de textos, imagens e vídeos, análise de dados, entre outros.

Especificamente para atuação do Conar, destacam-se as soluções de IA generativa e as IAs de customização de experiência ao consumidor, pois são as que podem causar maior impacto com relação aos anúncios e campanhas publicitárias. Assim, um dos grandes desafios impostos pela IA é calibrar a inovação na comunicação publicitária sem que o resultado prejudique o consumidor nem afete a leal concorrência entre os anunciantes.

Importante ressaltar que o CBAP tem como espinha dorsal diversos Princípios Gerais que devem ser aplicados a qualquer tipo de comunicação publicitária, independentemente do formato, segmentação de mercado, público-alvo ou do período em que foi desenvolvida. Entre eles, destacamos o princípio da honestidade enquanto elemento norteador da transparência comunicacional para combater a abusividade ou enganosidade.

Embora exista discussão sobre a necessidade de regras específicas para disciplinar o uso da IA, inclusive no contexto da autorregulação, é importante ponderar a real necessidade e eficácia desta estratégia. Isso porque, diferentemente da maior parte das regulações que buscam tutelar direitos, no caso da IA o objeto seria a própria tecnologia e, como tal, a norma já nasceria obsoleta. Por este motivo, o CBAP é considerado atemporal e eficiente, vez que adota predominantemente uma linha de abordagem principiológica e não exclusivamente prescritiva, com maior alcance de aplicação, servindo de bússola para guiar as melhores condutas para o uso de IA no marketing.

Vale destacar que a transparência e a liberdade de decisão e de escolha quando do uso de IA são referências presentes também em frameworks normativos que estão se consolidando ao redor do mundo: PL 2.338/23 e substitutivos no Brasil, no AI Act na Europa e nos Princípios da Organização para a Cooperação e Desenvolvimento Econômico sobre IA em nível global.

Assim como a jurisprudência é uma relevante fonte do Direito, as decisões emanadas pelos Conselheiros do Conar desempenham papel equivalente para solidificar entendimentos quanto à aplicação das regras éticas do CBAP. Na ausência de dispositivos específicos sobre o tema, vale salientar dois importantes precedentes: Representações 203/2021 e 134/2023.

A 1ª representação refere-se à denúncia de consumidor contra a Globo que apontava imprecisão sobre a disponibilidade do filme *Eu, Tonya* no catálogo da Globo Play, gerada por anúncio personalizado e automatizado do Google por meio de uso de IA. A Globo afirmou que não houve intenção de enganar e que a imprecisão era resultado de processos automatizados de publicidade. A 7ª Câmara do Conselho de Ética decidiu pelo arquivamento considerando que, embora o filme não estivesse no catálogo fixo, ele foi transmitido ao vivo e a publicidade não apresentou informações incorretas, mas reforçou a necessidade de aprimorar os algoritmos de criação de anúncios.

A 2ª representação foi motivada por denúncia de consumidor contra propaganda da Volkswagen que utilizou IA generativa para recriar a figura de Elis Regina, falecida em 1982, para verificar: se o uso da figura de Elis foi ético e respeitoso e se haveria a necessidade de informação explícita sobre o uso de IA no anúncio. Com relação ao primeiro item, a improcedência foi unânime, vez que não foi identificado desrespeito à artista, pois houve autorização dos herdeiros e seu retrato foi condizente com sua atuação em vida. Já no tocante ao segundo item, houve voto divergente que concluiu não haver falta de transparência, já que o uso de IA era evidente e o processo criativo adotado não implicou enganosidade para o conteúdo publicitário.

Conclusão

É inegável que os recursos de IA ao mesmo tempo que facilitam podem provocar desconfiança e, se mal utilizados, podem trazer vieses de enganosidade/abusividade à comunicação publicitária, impactando na reputação do anunciante. O controle misto da publicidade, tendo a autorregulamentação como camada complementar à legislação, a partir de regras principiológicas e exames éticos em casos concretos, revela perfeita aderência em contextos criativos e altamente dinâmicos como o uso da IA em campanhas publicitárias. A positivação de regras delimitadas para aplicação ética de IA na publicidade se tornaria obsoleta na mesma velocidade e proporção que o ritmo da evolução tecnológica da ferramenta. Assim, a diversidade no Conar com representantes do ecossistema de Comunicação e Publicidade, Anunciantes e Sociedade Civil ganha ainda mais importância para conferir decisões consistentes com os princípios éticos ao mesmo tempo que preserva a liberdade criativa do setor.

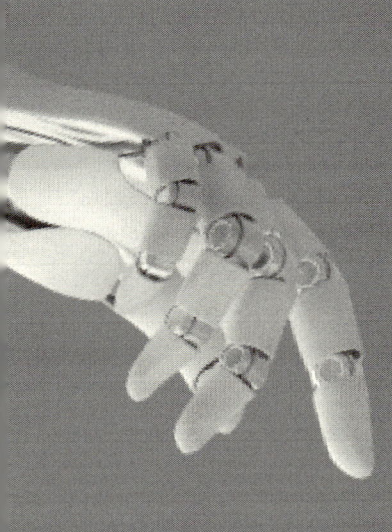

À época Bombril

Gustavo Quilici
Franco do Amaral

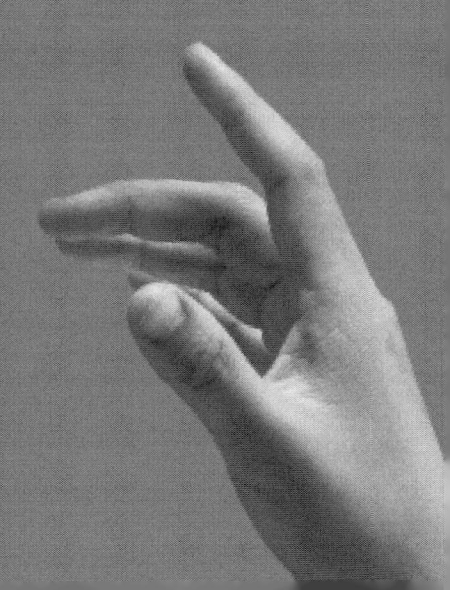

Marketing artificial?

Falar sobre inteligência artificial é sempre muito instigante, na verdade, como profissionais de marketing, o desafio que encontramos é como não falar de inteligência artificial.

Desde 2023, o tema mais falado nos grupos de WhatsApp, nos eventos de *networking* e mesmo com os colegas de ABA é a inteligência artificial e o impacto que isso teria em nossa área. O ChatGPT passou a ser considerado a ameaça número 1 para a nossa carreira.

Será mesmo?

A primeira coisa que gosto de falar é: "Calma, tudo vai ficar bem, não viraremos obsoletos de um dia para o outro".

Nos meus 20 anos de carreira, já passei por algumas inovações tecnológicas e o *hype* sempre foi o mesmo, sempre tivemos ameaças, sempre ouvimos que seríamos substituídos pelas máquinas, e como podemos ver, ainda estamos por aqui.

Lembro como se fosse hoje quando houve o lançamento do *Second Life*. De um dia para o outro só se falava nisso, todas as empresas precisavam montar as suas ilhas e organizar eventos na plataforma.

Foi uma verdadeira corrida, as empresas competiam para ver quem seria a primeira que conseguiria entrar na plataforma, depois a competição era quem conseguia atrair o maior número de usuários.

Se você se lembra do *Second Life*, parabéns, você é bom de memória. Se você não se lembra, veja só, aquilo que iria revolucionar o mundo não é nem mais lembrado. E aqueles que são bons observadores talvez tenham percebido a semelhança com o *hype* do metaverso, mas isso é outro assunto.

Um cientista da computação de Standford, chamado Roy Amara, em 1960, disse: "Nós superestimamos o impacto de novas tecnologias no curto-prazo e subestimamos o impacto no longo-prazo". Essa frase é conhecida como Lei de Amara e, apesar de ser de 1960, continua sendo extremamente verdadeira e relevante.

Conheci essa frase através de uma palestra do Pascal Finette, um dos maiores pensadores sobre o futuro. E veja que interessante, um dos maiores pensadores sobre o futuro usou uma frase de 60 anos atrás para explicar o presente. Curioso, não?

É impossível ficar indiferente ao tema da inteligência artificial, mas, ao invés de nos desesperarmos hoje, temos que pensar em como ela poderá nos auxiliar no médio prazo e, provavelmente com maior importância, no longo prazo.

O segundo ponto importante que sempre gosto de dizer é que a inteligência artificial não é algo independente do ser humano ou da inteligência natural. Os modelos existentes precisam ser alimentados por todos os conteúdos existentes e precisam ser "*briefados*" para produzir novos conteúdos.

Ou seja, a criatividade e qualidade do resultado obtido será diretamente proporcional à qualidade do *prompt* inserido por um ser humano. Não existirá inteligência artificial se não houver inteligência natural por trás.

Muitas vezes, nosso papel como profissional de marketing é enviar o *prompt* do que desejamos que seja feito para nossas equipes, parceiros, etc. Na prática, pouco muda no nosso dia a dia, em alguns momentos ao invés de solicitarmos algo para algum colega de trabalho, talvez passaremos a solicitar para um dos modelos de IA existentes.

O terceiro ponto que gosto de destacar é que os modelos de inteligência artificial existentes são capazes de alcançar resultados incríveis, porém, sempre se baseando em algum trabalho prévio. Você precisa dar uma referência para que ele siga, determinar um estilo, uma linguagem, uma paleta de cores, etc.

O que nos leva a um ponto importante, se todos utilizarem apenas os modelos de IA, não haverá nenhuma inovação, nada de novo será criado. Tudo que for gerado será sempre uma nova versão de algo que já foi feito, seria como se toda a criatividade humana fosse limitada pela máxima de Antoine-Laurent de Lavoisier: Na natureza, nada se cria, nada se perde, tudo se transforma, ou como adaptei para Lei de Lavoisier 2.0: "Na inteligência artificial, nada se cria, nada se inventa, tudo se adapta".

Pense nas campanhas mais icônicas de propaganda, tente pensar no *briefing* por trás delas. Você acha mesmo que alguém pensou: faça um vídeo de um gorila tocando bateria de maneira imponente ao som de Phil Collins?

Com certeza ninguém recebeu essa orientação direta. O processo criativo é orgânico, colaborativo, errático e imprevisível. Hoje, não existe, e afirmo com relativa segurança que não existirá modelo capaz de pensar algo tão inexplicável e ao mesmo tempo perfeito como a campanha que citei de Cadbury.

A beleza da nossa profissão está nesses momentos, nas epifanias, nos *insights*, nos momentos de brilhantismo em que conseguimos chegar em uma ideia ou solução que ninguém havia pensado.

Importante dizer que, apesar de tudo que já escrevi aqui, sou um entusiasta da inteligência artificial, adoro utilizar os modelos e descobrir novas possibilidades.

Agora que já falei alguns pontos importantes para mostrar

que a inteligência artificial não é o fim da linha para os profissionais de marketing, vou dizer alguns exemplos de como ela tem me ajudado:

- Criação de referências visuais: ao invés de descrever nos mínimos detalhes o que eu estava imaginando para que um terceiro desenhe, consigo em 30 segundos criar uma série de ilustrações bem próximas do que eu estava imaginando e assim consigo demonstrar o que espero de resultado de maneira muito mais efetiva. Isso foi fundamental para conseguir direcionar o ilustrador que trabalhou no meu primeiro livro infantil: O Lobo Cansado[1], consegui entregar referências muito próximas do que eu estava imaginando para que o ilustrador chegasse no resultado que eu esperava.

- Aprender sobre novos temas: ao invés de pesquisar bastante sobre determinado tema, consigo pedir para o modelo preparar um resumo de um número limitado de caracteres com base em sites de minha confiança sobre um tema que está em evidência. Fiz isso para aprender sobre Doramas, por exemplo.

- Aprimorar textos: os modelos são ótimos para sugerir novas formas de dizer o que você pensou. Sabe aquele texto que você fez e acha que ficou um pouco repetitivo? Você pode pedir para que ele faça alterações para reduzir esse efeito. Lógico, leia antes de compartilhar, ainda não é 100% garantido.

- Diversão: essa talvez seja uma das coisas mais prazerosas de fazer com o ChatGPT, peça para ele fazer as comparações mais esdrúxulas, mais inesperadas e veja o resultado. É incrível ver as ligações que a máquina consegue fazer para chegar no resultado proposto. E algumas dessas brincadeiras já me geraram *insights* para outras questões que tinha na mente.

---

[1] AMARAL, Gustavo. *O Lobo Cansado*. Portugal: Ases da Literatura, 2024.

Com certeza existem inúmeras outras aplicações. Retomando a Lei de Amara que mencionei no começo, hoje nós provavelmente nem conseguimos imaginar os usos que daremos para a IA nos próximos 5/10 anos.

Que venha o futuro! Com a certeza que, independentemente da tecnologia que surgir, nós continuaremos sendo relevantes e nada irá superar a inspiração e a criatividade da mente humana.

O principal para isso é mantermos o nosso espírito curioso, não podemos ter medo de novas tecnologias, muito pelo contrário, temos que abraçá-las, utilizar o máximo possível, mas sabendo que elas são ferramentas e que não solucionarão nada se não houver um artesão preparado manuseando-as.

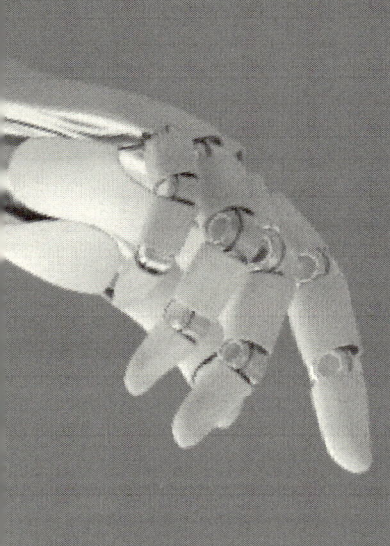

VLK
Advogados

Jean Michel Santana

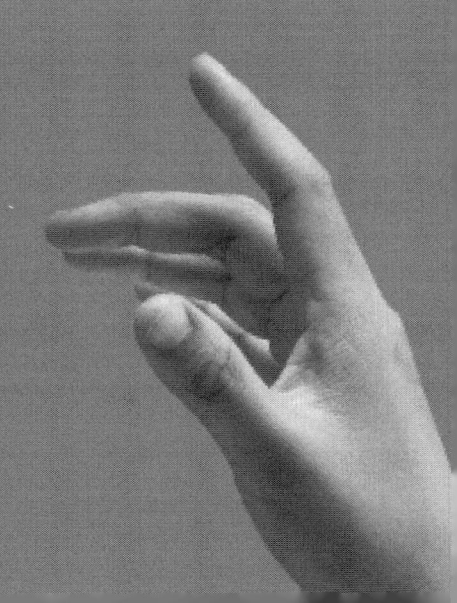

Uso de IA no MKT para perfilização e questões de privacidade

1. Introdução

A personalização de ofertas e recomendações destaca-se como um dos principais usos de sistemas de inteligência artificial (IA) no marketing. No entanto, essas práticas têm enfrentado questionamentos na União Europeia (UE) quanto a sua conformidade com a regulação de dados pessoais, tanto no desenvolvimento de modelos de perfilagem, quanto na aplicação desses modelos para publicidade direcionada – nomeadamente quanto à base legal adequada para a sua prática. Diante dessa realidade e seus potenciais impactos no marketing, o presente artigo buscará apresentar os principais posicionamentos europeus sobre a temática e avaliar seus potenciais impactos a nível nacional.

2. O que é IA?

A IA pode ser compreendida como um termo guarda-chuva abrangendo diferentes tecnologias (ICO, 2023). A característica comum que as vincula é a sua capacidade de "simular racionalmente as tomadas de decisão dos seres humanos, tentando traduzir em algoritmos o funcionamento do cérebro humano" (TEIXEIRA e CHALIGA, 2020).

3. Projeto e desenvolvimento e verificação e validação

Em geral, IAs dependem de grande volume de dados para funcionar acuradamente (CHIVOT e BHATIA, 2020), pelo que as etapas em que estes sistemas são desenvolvidos e validados comumente envolvem o tratamento de dados pessoais. A própria NBR ISO/IEC 22989 destaca a essencialidade dos dados de treino durante a fase de desenvolvimento, e de dados de teste durante o estágio de validação. Esse uso, no entanto, demanda o enquadramento em uma base legal.

No âmbito internacional, a Autoridade de Dados Britânica (ICO) parece indicar o consentimento e o legítimo interesse enquanto bases legais mais adequadas para fundamentar esses processos (ICO, 2023). Especificamente quanto ao legítimo interesse, merece destaque recente decisão da Autoridade de Dados Belga (2024), em que foi analisada a legalidade do seu uso, no tratamento de dados transacionais por instituição financeira para a construção de modelos, objetivando a oferta de descontos personalizados de produtos e serviços de terceiros.

A Autoridade de Dados posicionou-se em favor da aplicabilidade do legítimo interesse, arguindo, em síntese, que:

(i) existe um interesse legítimo no treinamento de modelos, traduzido em um interesse comercial, relacionado a digitalização, a personalização dos serviços e a diversificação das ofertas de serviços;

(ii) a operação é necessária, vez que o modelo é uma etapa intermediária indispensável entre os dados brutos de transação e a oferta de desconto personalizado;

(iii) a operação é considerada proporcional, vez que:

(a) o treinamento do modelo é uma fase distinta de sua aplicação, devendo ser avaliados de forma apartada;

(b) o impacto nos titulares de dados é minimizado, sendo eliminados tantos identificadores quanto possível; e

(c) a operação é razoavelmente expectável pelos titulares, desde que garantido seu direito de oposição.

No âmbito nacional, considerando que a ANPD – Autoridade Nacional de Proteção de Dados (2024), em guia atinente ao Legítimo Interesse, seguiu entendimento próximo àquele da UE, entendemos ser aplicável a posição apresentada pela Autoridade Belga.

4. Etapa de operação e monitoramento

A perfilização de indivíduos para fins de marketing naturalmente envolverá o tratamento de seus dados pessoais, desde dados cadastrais e financeiros que auxiliem a enquadrá-los demograficamente, até dados comportamentais que auxiliem a identificar suas potenciais condutas futuras.

Na Europa, em que pese o posicionamento do ICO (2022) que, desde que não se enquadre nas hipóteses abrangidas pela Diretiva E-Privacy e suas leis de transposição, as quais requerem o consentimento para mensagens publicitárias e para armazenar e obter informações no dispositivo dos indivíduos, o marketing direcionado, cuja perfilização integra, pode ser enquadrado no legítimo interesse, o European Data Protection Board (EDPB) tem adotado posicionamento pela impossibilidade do marketing direcionado pautado no legítimo interesse.

Em 2018, o EDPB, então WP 29, emitiu guia em que, embora aventasse a possibilidade de perfilização fundada no legítimo interesse, entendia pela improbabilidade deste enquadramento nas práticas de marketing direcionado. Esse entendimento foi reforçado em decisão de 2023, em que entendeu pela inaplicabilidade do legítimo interesse à publicidade comportamental, arguindo, dentre outros, pela natureza intrusiva do marketing *comportamental* e, consequentemente, prevalência dos direitos do titular, hipótese em que restaria o consentimento enquanto base legal aplicável.

No âmbito nacional, considerando a inexistência de normas similares à E-Privacy, pelo que inexiste uma pressuposta expectativa do titular de ter seu consentimento coletado de forma prévia ao recebimento de marketing, não entendemos que a solução apresentada pelo EDPB seja mais adequada: não se devendo pressupor a prevalência dos direitos e expectativas do titular em matéria de marketing comportamental, a qual deverá ser analisada em concreto, considerando-se o efetivo grau de intrusão, ponderando tanto os dados coletados para perfilização, quanto os dados desta inferidos.

6. Conclusão

Ao realizar o enquadramento das atividades relativas à perfilagem em uma base legal, o legítimo interesse merece dedicada consideração: no desenvolvimento de modelos, a sua aplicação aparenta ser uma possibilidade pacificada a nível internacional. Por sua vez, em que pese posicionamento em sentido diverso do EDPB, entendemos pela possibilidade de sua aplicação para publicidade direcionado em âmbito nacional, desde que o interesse perseguido seja proporcional à ingerência na privacidade dos titulares.

Referências

Autorité de protection des données. Disponível em: https://www.gegevensbeschermingsautoriteit.be/publications/beslissing-ten-gronde-nr.-46-2024.pdf. Acesso em: 05 abr. 2024.

INFORMATION COMISSIONER'S OFFICE. **Guidance on AI and data protection.** Wilmslow: ICO, 2023. Disponível em: https://ico.org.uk/for-organisations/uk-gdpr-guidance-and-resources/artificial-intelligence/guidance-on-ai-and-data-protection/about-this-guidance/. Acesso em: 05 abr. 2024.

INFORMATION COMISSIONER'S OFFICE. **Direct marketing Detailed Guidance**. Wilmslow: ICO, 2022. Disponível em: https://ico.org.uk/media/for-organisations/direct-marketing-guidance-and-resources/direct-marketing-guidance-1-0.pdf Acesso em: 11 abr. 2024

TEIXEIRA, Tarcísio; CHELIGA, Vinicius. **Inteligência artificial**: aspectos jurídicos. 2. ed. Salvador: Ed. JusPODIVM, 2020.

ASSOCIAÇÃO BRASILEIRA DE NORMAS TÉCNICAS. **NBR ISO/IEC 22989 Tecnologia da informação — inteligência artificial — Conceitos de inteligência artificial e terminologia**. Rio de Janeiro: ABNT, 2023.

CHIVOT, Eline; BHATIA, Punit. **Ai & Privacy**: How To Find Balance. Publicação Independente, 2020

WORKING PARTY 29. **Guidelines on Automated individual decision-making and Profiling for the purposes of Regulation 2016/679**. WP 29, 2017. Disponível em: https://ec.europa.eu/newsroom/article29/items/612053. Acesso em: 11 abr. 2024

AUTORIDADE NACIONAL DE PROTEÇÃO DE DADOS. **Guia orientativo Hipóteses legais de tratamento de dados pessoais legítimo interesse**. ANPD, 2024. Disponível em: https://www.gov.br/anpd/pt-br/documentos-e-publicacoes/guia_legitimo_interesse.pdf. Acesso em: 29 abr. 2024

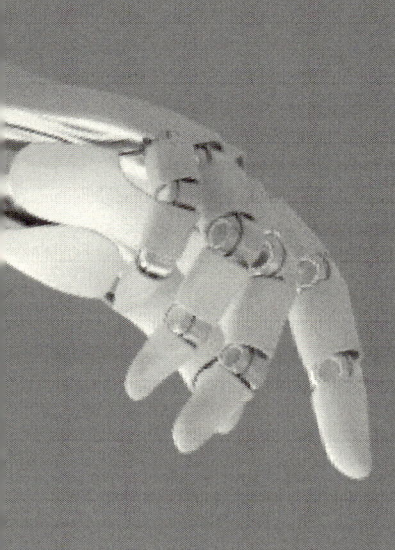

BNDES

João Meireles |
Catarina Donda

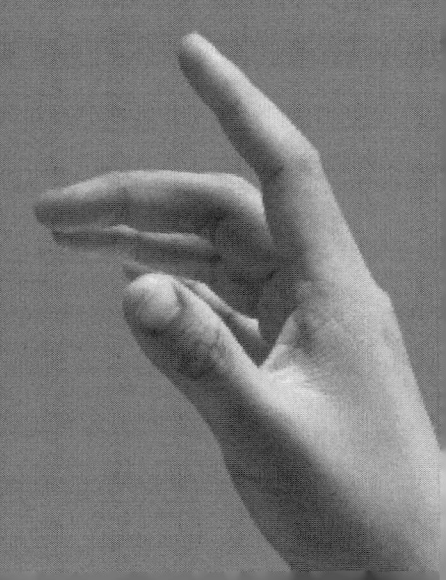

IA e publicidade: a revolução chegou. E agora?

Em 1962, auge da Guerra Fria, estreava na TV estadunidense o desenho animado "Os Jetsons". A despretensiosa animação oferecia ao público uma visão distante, mas cativante, de um futuro repleto de tecnologias futuristas e extravagantes, como – vejam só! – videochamadas, relógios inteligentes, robô aspirador de pó e TV de tela plana.

Muitos outros produtos culturais, ícones da ficção científica, alimentaram o fascínio em torno do avanço tecnológico e da inteligência das máquinas. No cinema, clássicos como *2001: Uma Odisseia no Espaço* (1968), *Blade Runner* (1982) e a trilogia *Matrix* (1999-2003) são alguns dos mais notáveis exemplos. De igual modo, abundam, na literatura, títulos que lançaram luz sobre essa temática, como *1984*, de George Orwell[1], *Eu, Robô*, de Isaac Asimov[2], e *Fahrenheit 451*, de Ray Bradbury[3].

Por mais que as obras citadas tivessem perspectivas distintas acerca dos avanços científicos, o que todas elas possuíam em comum era o fato de que, ao projetar um futuro repleto de tecnologias distantes, pareciam, até certo ponto, longe da realidade. No entanto, a linha entre ficção e realidade tornou-se cada vez mais tênue à medida que o tempo avançava. Eis a novidade: para euforia de uns e desespero de outros, hoje a ficção se espraia até a realidade, e as tecnologias futuristas, antes confinadas ao domínio da imaginação, invadem nosso dia a dia.

---

[1] ORWELL, George. 1984. São Paulo: Editora Nacional, 2003.
[2] ASIMOV, Isaac. Eu, Robô. São Paulo: Editora Aleph, 2014
[3] BRADBURY, Ray. Fahrenheit 451. São Paulo: Editora Globo, 2003.

E nesse "Admirável Mundo Novo", onde a ficção do passado se tornou a realidade do presente, a inteligência artificial (IA) agora é uma força dominante em nosso cotidiano, transformando as interações pessoais, a disponibilização do conhecimento e as relações de trabalho.

Falar de IA virou *hype*. E, quando se aborda IA em marketing, as possibilidades são virtualmente infinitas. Desde aquelas que focam ampliar a assertividade da entrega de mídia, até suas faces mais evidentes, como a utilização de avatares humanos em publicidade.

E como a missão da ABA é ser agente transformador e gerador de valor por meio do marketing, a proposta deste artigo é refletir sobre como nossas escolhas, enquanto anunciantes, podem ser decisivas na forma como a IA irá impactar a publicidade e, por conseguinte, a sociedade. Dado que a tecnologia coloca ao nosso alcance, em tese, quaisquer opções que se possam imaginar, que limites devemos impor voluntariamente às possibilidades de escolha para garantir a ética e a sustentabilidade no mercado publicitário? A demanda determina o desenvolvimento da IA, e o poder e responsabilidade dos anunciantes é decisivo quando se fala em IA no marketing.

Antes de mergulharmos nesse exame, porém, é essencial compreender o que exatamente entendemos como IA e como ela se manifesta em nosso cotidiano.

Inteligência artificial: possibilidades infinitas, limites desconhecidos

De maneira simplificada, podemos entender a IA como uma área da ciência da computação que tem o objetivo de desenvolver sistemas capazes de realizar tarefas que tradicionalmente demandam inteligência humana. Para isso, esses sistemas são projetados para aprender, raciocinar, tomar decisões, reconhecer padrões e resolver problemas, utilizando algoritmos. Um exemplo marcante do poder disruptivo da IA em nossa rotina é o ChatGPT. Lançado em janeiro de 2023, o *chatbot* da OpenAI conquistou rapidamente uma base de usuários impressionante, alcançando 100 milhões de usuários ativos mensais em apenas dois meses. Esse feito o tornou o aplicativo de crescimento mais rápido da história até aquele momento[4].

Tamanha popularidade fez crescer o debate em torno do impacto da IA em nossa vida e do que esperar do futuro. Com a IA, as máquinas conseguem simular atividades cognitivas humanas e desempenhar funções complexas em diversos setores, como transporte, finanças, entretenimento e até saúde. Fazemos parte da geração que testemunhou a IA migrar de uma visão conceitual para uma realidade concreta, tornando-se parte integrante de muitas tecnologias que permeiam nossa vida, como os sistemas de recomendação personalizada, os assistentes virtuais, sistemas de buscas, internet das coisas, sistema de posicionamento global (GPS), entre outras.

Já não estamos falando apenas de tecnologias que conseguem organizar, tratar e sistematizar uma enorme quantidade de dados em grande velocidade. É bem mais do que isso. Hoje, a IA Generativa é capaz de criar conteúdo em diversas formas, como textos, imagens, áudios e vídeos. É possível treiná-la para dominar linguagem humana, química, programação e qualquer outro assunto complexo. Estamos diante de sistemas programados para aprender e criar de forma autônoma. Eles podem redigir poemas, fazer ilustrações, criar imagens, compor canções, tudo isso em segundos. E isto é apenas o começo.

Desafios e oportunidades

Claro que essas transformações impactam o mercado de trabalho. Em relatório publicado em março de 2023, o banco de

---

[4] Chat GPT atinge 100 milhões de usuários ativos mensais em janeiro e vira o app de crescimento mais rápido da história. Disponível em: https://www.infomoney.com.br/negocios/chatgpt-atinge-100-milhoes-de-usuarios-ativos-mensais-em-janeiro-e-vira-o-app-de-crescimento-mais-rapido-da-historia/

investimentos Goldman Sachs demonstrou que a IA pode vir a substituir o equivalente a 300 milhões de empregos em tempo integral[5]. Essa preocupação tem sido sentida por muitos empregados, como aponta a "Pesquisa Global de Esperanças e Medos da Força de Trabalho", realizada em 2022 pela consultoria PwC, em que quase um terço dos participantes manifestou preocupação com a possibilidade de sua função ser substituída pela tecnologia em até três anos[6].

Muito se fala sobre como, nesta quarta revolução industrial, os empregos a serem substituídos não são os braçais, mas os chamados "intelectuais". Sob a perspectiva do mercado da publicidade, a partir do momento em que a IA produz novos textos e imagens com base em referências, emula imagens e vozes de pessoas e otimiza campanhas com base em dados, seria o fim para criativos, atores e profissionais de mídia, para focar apenas na face mais visível desta revolução? Haverá um momento em que a evolução da tecnologia substituirá definitivamente estas posições, ou cabe a nós delimitar em que premissas se dará a parceria homem-máquina?

A IA pode ser utilizada para refinar a estratégia de mídia, permitindo segmentações mais precisas, personalizando anúncios, otimizando lances e gerando relatórios. No apoio à criação, pode ajudar a prever tendências, gerar reportes de sentimentalização e fornecer referências criativas, trazendo inspiração e acelerando o processo de validação de ideias; sem mencionar suas habilidades para automatizar tarefas como edição de vídeos e imagens. A possibilidade de melhoria da eficiência é inegável. Mas, sim, ela ameaça a continuidade de posições de trabalho que envolvam tarefas repetitivas, assim como profissionais que não saibam utilizar estas ferramentas.

---

[5] Inteligência artificial pode afetar 300 milhões de empregos no mundo, diz Goldman Sachs. Disponível em: https://www.cnnbrasil.com.br/economia/inteligencia-artificial-pode-afetar-300-milhoes-de-empregos-no-mundo-diz-goldman-sachs/
[6] Um terço dos brasileiros teme ser trocado por um robô. Disponível em: https://www.estadao.com.br/brasil/macaco-eletrico/um-terco-dos-brasileiros-teme-ser-trocado-por-um-robo/

E junto com as facilidades vêm os riscos: a IA pode infringir direitos autorais e de imagem; criar conteúdo enganoso e manipulador; ou reforçar tendências enviesadas, quando baseada unicamente em algoritmos. É preciso reconhecer, portanto, que a supervisão humana – ou melhor, a gestão humana – desta ferramenta é fundamental para que se potencializem os benefícios que ela pode entregar e se mitiguem os riscos associados.

Neste sentido, a palavra de ordem é capacitação – não apenas dos profissionais de agências de propaganda, mas também dos anunciantes, que têm papel fundamental neste mercado. Mais do que se adaptar às novas tecnologias, é preciso saber demandar, estabelecer os limites para o que pode ser solicitado e quais as regras do jogo.

Isto inclui a adoção de políticas e práticas éticas para o uso da IA na publicidade, que garantam transparência, equidade e respeito pelos direitos dos profissionais envolvidos na propaganda, assim como dos consumidores. Para além da implementação de salvaguardas que evitem vieses algorítmicos, o uso de dados pessoais e a invasão da privacidade, é preciso definir mecanismos para a proteção dos direitos autorais e o estímulo à criatividade. É necessário, ainda, garantir direitos de imagem e voz de atores, assim como a compensação justa pelo seu uso. E, como exemplo de um passo adicional, é possível adotar como diretriz a preferência por atores reais ao invés de avatares; por ilustradores e músicos humanos ao invés de obras criadas por IA, como demonstração de um compromisso de marca com a valorização da arte e do talento humanos.

Se a IA é o estopim de uma revolução no mundo da publicidade e nosso papel é transformar e gerar valor por meio do marketing, estamos diante da oportunidade perfeita de fazer a diferença em uma nova era da comunicação.

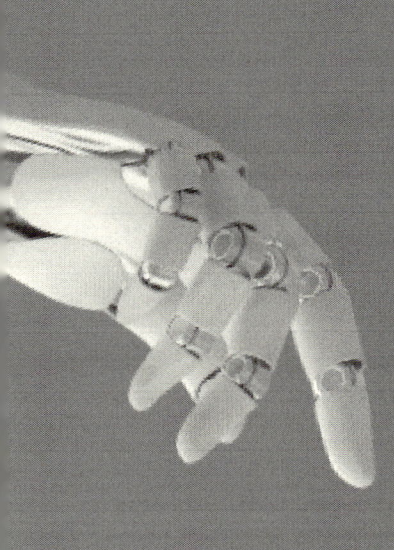

Samsung Galaxy

Lucia Bittar

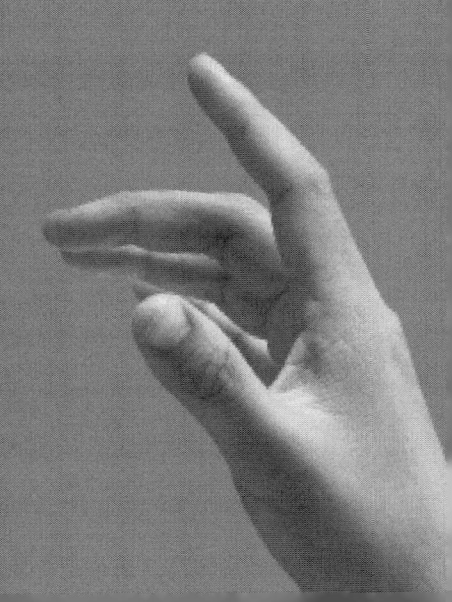

IA: tecnologia, economia e ética

Trabalhar em uma empresa de tecnologia me permite acompanhar mais de perto o universo da inteligência artificial. O contato com esta inovação transformadora me fez vê-la sob três perspectivas diferentes e, ao mesmo tempo, complementares: tecnológica, econômica e ética.

No aspecto tecnológico, que é o mais técnico, vou me deter no desenvolvimento de algoritmos e sistemas de IA. Na área econômica, o foco será o impacto nos mais diferentes mercados, empregos e *approach* em relação à inovação. Por fim, na camada ética, abordarei preocupações como privacidade e responsabilidade moral. Entendo que explorar estes diferentes planos é fundamental não só para nos aprofundarmos mais na usabilidade dessa tecnologia, mas também para entender o potencial transformador e os desafios da IA.

Antes de analisar cada um desses aspectos, vale reforçarmos que a IA já está muito presente em nossas vidas e, é importante frisar, ela claramente nos beneficia muito mais do que traz consequências negativas, como muitos temem. Como exemplo, destaco seu enorme impacto na área de saúde, acelerando diagnósticos e auxiliando médicos e outros profissionais na definição de tratamentos.

Apesar de mais distante das pessoas pouco envolvidas diretamente com esse recurso, será cada dia mais indispensável que nos apropriemos da camada tecnológica. Eu sei, isso assusta.

Para a maioria de nós, a parte técnica, bastidores e códigos não são um ambiente familiar, estão longe do nosso conhecimento.

Há alguns anos, tivemos um momento de explosão de escolas de tecnologia, com crianças em torno de cinco anos já sendo ensinadas a programar. A motivação era a preocupação dos pais em prepará-los para o mercado. Pelo que tenho observado, acredito que não seja este um caminho essencial, ainda que aprender programação possa sim ajudar no desenvolvimento do raciocínio. Entendi que, na verdade, para nos relacionarmos e utilizarmos essa tecnologia no nosso dia a dia, não precisamos dominar programação, mas sim a lógica por trás da IA.

Penso que é bem relevante estarmos atualizados em relação às ferramentas que podem ser usadas em nosso benefício. No futuro, a capacidade de interagir criticamente com a IA será essencial em diversas áreas. Daí, minha forte recomendação para que todos nós dediquemos parte do nosso tempo na educação em IA, a *AI Literacy*, que dá a alfabetização neste campo do conhecimento. Ela é fundamental para preparar indivíduos para o futuro do trabalho e da sociedade, capacitando para aproveitar todas as novas possibilidades que essa tecnologia já traz e continuará nos oferecendo.

Na camada econômica, é importante, claro, falar da infinidade de novas oportunidades que irão surgir, mas também da mudança de *mindset* que precisamos fazer para conseguir aproveitar todos esses novos recursos disponíveis. A mudança vai ser gigantesca e seus impactos nos negócios serão bastante significativos e tangíveis.

Este movimento não tem nada de novo. Já ocorre há décadas com o aparecimento de cada nova tecnologia, como computador e internet. Vale destacar que 80% das vagas *on the rise* no LinkedIn nem existiam há 20 anos, ou seja, as oportunidades de trabalho são mesmo fluidas. E para acompanhar este mercado de trabalho tão dinâmico acredito ser essencial desenvolver, como prega o Fórum Econômico Mundial, *soft skills* tais como: aprendizagem ativa, pensamento analítico e crítico, criatividade, iniciativa, inteligência emocional e comunicação.

Olhando com a lente das empresas é preciso ver além do *hype* em torno da IA, para analisar com mais profundidade a questão. Incorporar a IA às operações diárias não diz respeito apenas à adoção de tecnologia. Envolve entender e explorar seu potencial para otimizar processos, aumentar a eficiência, impulsionar o crescimento, transformar modelos de negócios e combinar potencial humano com potencial tecnológico.

Um aspecto crucial para o sucesso é dar extrema atenção à estratégia de dados da companhia. Sabe por quê? Porque com dados organizados e segmentados é possível compreender muito melhor o mercado, os clientes e as tendências.

Dando um *zoom* no marketing vamos conseguir personalizar produtos, serviços e mensagens de uma forma muito mais precisa e relevante para nosso consumidor. Neste sentido, falamos do conceito de *know me better*, no qual a IA vai ajudar a criar perfis detalhados dos clientes para oferecer experiências mais personalizadas, em um nível que hoje é inimaginável. Vamos atualizar nosso uso do termo 360º para uma infinidade de possibilidades e cruzamentos, em tempo real.

Além disso, a IA tem o poder de humanizar a tecnologia e gerar conexões mais relevantes. Com ela, é possível ler as emoções das pessoas através da combinação de dados de expressão facial, batimentos cardíacos, frequências neurais e alterações da retina, e fornecer *feedbacks* mais contextuais e empáticos. Com um cenário tão bem mapeado, fica mais fácil aprimorar o como e o quando das interações e dos relacionamentos.

Tamanha especificidade impulsiona uma mudança na abordagem da publicidade, melhorando a interação com os clientes e os *timings* de ofertar produtos e serviços baseados na disponibilidade emocional do *target*. Isso também traz mudanças na base da publicidade e pode inclusive empurrar para uma mudança grande no modelo atual de mídia interruptiva, promovendo a entrega de conteúdo de forma relevante e não intrusiva. Mas, evidentemente, demanda cuidado ético extremo.

A combinação da criatividade humana com os *insights* gerados pela IA é outra frente importante. A IA pode contribuir significativamente na oferta de ideias inéditas a partir dessa outra forma de combinar informações para gerar *insights*, inovações ou até campanhas, duplando com os profissionais para chegar a resultados inesperados. A criatividade seguirá sendo soberana na comunicação e ganhará novo potencial quando combinada com ferramentas de IA.

A perspectiva ética é, sem dúvida, a mais delicada e imprescindível para o futuro. Falar de ética na IA é um tema de extrema importância, pois suas aplicações têm impactos significativos não apenas nos negócios, mas também na sociedade como um todo.

Na medida em que a IA se torna mais presente em nossas vidas, é crucial considerar as implicações éticas de seu uso. A questão da responsabilidade (ou *accountability*, que é o jargão da vez) é fundamental neste contexto. A todo tempo, escutamos perguntas do tipo: quem é responsável pelas decisões tomadas por algoritmos de IA? Como garantir que essas decisões sejam éticas e justas? Quem está por trás da programação e direcionamentos dessa tecnologia? Onde a IA se nutre de informação? Esse resultado é verdadeiro ou falso?

No âmbito do marketing e da publicidade, as questões éticas se tornam ainda mais significativas justamente por conta da disseminação de informações falsas ou tendenciosas, especialmente em um contexto no qual a IA pode ser usada para manipular a opinião pública.

Por isso, é importante que as empresas desse mercado tenham parâmetros bastante bem definidos ao usar IA para segmentar e direcionar anúncios e conteúdos, garantindo que não haja discriminação ou violação da privacidade dos consumidores.

Queria ressaltar o quão importante é a questão da privacidade e do controle de dados pessoais. É imprescindível que nós, profissionais, tenhamos enorme respeito por isto.

As empresas em si não existem. As corporações são formadas por pessoas como nós. Por isso é que esta responsabilidade está em nossas mãos. Vários estudos recentes apontam que as novas gerações estão cada vez mais preocupadas com sua privacidade online. Eles têm esta visão crítica, ao mesmo tempo que vivem intensamente as novas tecnologias. As marcas que não respeitarem este direito correm o risco de serem canceladas pelos consumidores.

Mas só falar sobre ética não é suficiente. É importante fazer e garantir que a coleta e o uso de dados sejam feitos de forma transparente e consentida. Será necessário assegurar a equidade em nossas práticas de IA, proteger a privacidade dos usuários e garantir que suas decisões sejam guiadas por valores *win-win* para todos: empresa, marca e consumidor.

Gostaria de convidar você, leitor, para que pense no seu papel na sociedade e na sua empresa. Precisamos ter consciência do poder que temos em nossas mãos e ter clareza de que, junto com ele, vem grande responsabilidade. Justamente por isso, ao compartilhar nossos valores e compromissos éticos, podemos trabalhar juntos para criar um futuro digital mais justo, transparente e inclusivo para todos.

Qualquer tecnologia não é boa ou má por si. Cabe a nós, humanos, aplicá-la de forma ética e em prol da sociedade.

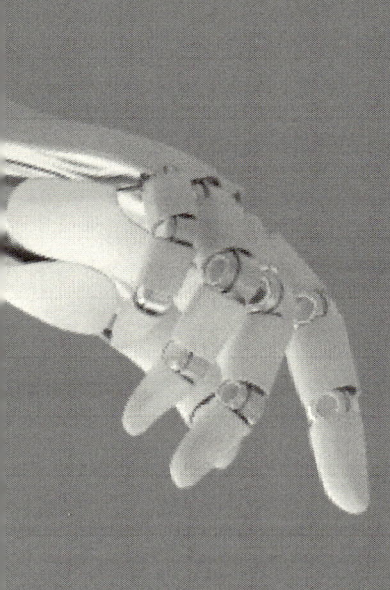

Unilever

Manuela Dode | Luciana Sobral

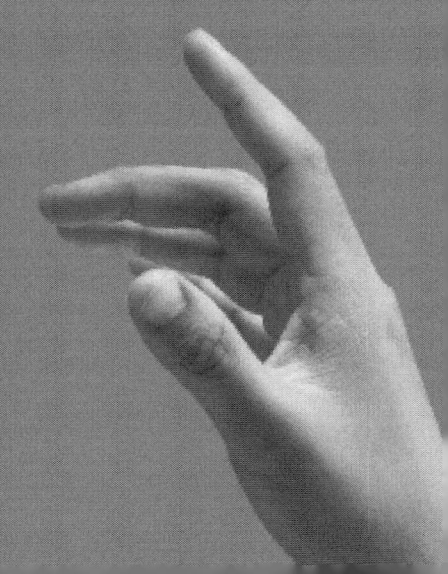

Inteligência artificial na publicidade: oportunidades e desafios éticos. Como combater a discriminação e a perpetuação de desigualdades?

Um dos mercados que mais tem se beneficiado do uso da IA é o da publicidade, que precisa comunicar, atrair, engajar e fidelizar consumidores em um cenário cada vez mais competitivo e dinâmico. A IA tem auxiliado a publicidade em diversas etapas, desde pesquisas de mercado, criação e produção de campanhas, análise de resultados e otimização de estratégias, com soluções que melhoram a eficiência, a relevância e a personalização das ações publicitárias.

Neste artigo, apresentamos os principais desafios do uso de IA na publicidade, em relação à propagação de vieses discriminatórios e perpetuação da desigualdade social. Abordaremos também a importância do uso de dados que sejam representativos, para que haja transparência e responsabilidade na tomada de decisões baseadas em IA.

Os benefícios da IA tanto para os anunciantes quanto para os consumidores já estão muito difundidos e, há mais de uma década, as marcas se aproveitam da tecnologia para otimizar a segmentação do público-alvo e oferecer experiências cada vez mais relevantes aos consumidores. Segundo um estudo da McKinsey[1], a IA pode aumentar em até 15% a receita dos anunciantes, por meio de uma segmentação mais eficiente e personalizada dos consumidores.

---

[1] O estado da inteligência artificial em 2023: o ano do crescimento explosivo da IA Generativa | McKinsey. Disponível em: https://www.mckinsey.com/capabilities/quantumblack/our-insights/the-state-of-ai-in-2023-generative-ais-breakout-year/pt-BR

Em 2019, a Starbucks inovou na oferta de experiência aos seus consumidores, quando utilizou a IA para oferecer recomendações personalizadas de produtos e serviços, de acordo com o histórico, o clima e a localização de cada cliente[2].

Por outro lado, profissionais da área ainda precisam enfrentar questões como a ética, privacidade, a transparência, a confiabilidade dos dados utilizados na publicidade. A IA pode gerar conteúdo enganoso, manipulador ou ofensivo, prejudicar a reputação das marcas e a confiança dos consumidores.

Outro desafio relevante diz respeito à qualidade do conteúdo publicitário, ou seja, como evitar que a aplicação da IA resulte em erros, irrelevâncias ou banalidades, que não correspondem à realidade, à identidade ou ao propósito das marcas? Por isso, é importante que a IA seja empregada de forma complementar, não substitutiva, à criatividade, à sensibilidade e à expertise dos profissionais de publicidade.

Não podemos ignorar o risco de viés no uso de IA. Isto porque os sistemas são treinados com dados que podem conter preconceitos, estereótipos e desigualdades existentes na sociedade. Uma aplicação alimentada e treinada a partir de dados e comandos contaminados pode levar a decisões e resultados tendenciosos, perpetuar e ampliar essas desigualdades.

Um exemplo clássico é o do sistema de reconhecimento facial da *Amazon, Rekognition*, que foi criticado por ter taxas mais altas de identificação incorreta de indivíduos de pele mais escura e mulheres.

Também, a IA usada pelo Google para selecionar currículos foi descoberta favorecendo candidatos do sexo masculino. Provavelmente, ambos os sistemas foram abastecidos e treinados com dados que continham desigualdades e vieses, reflexo

---

[2] 3 tecnologias adotadas pela Starbucks para aumentar a produtividade - Época Negócios | Empresa (globo.com) Disponível em: https://epocanegocios.globo.com/Empresa/noticia/2019/05/3-tecnologias-adotadas-pelo-starbucks-para-aumentar-produtividade.html

da estrutura da sociedade em determinado momento e que não foram observados no desenvolvimento da IA.

Surge, então, a importância da complementaridade do raciocínio e sensibilidade humanas, para que sejam criados sistemas representativos, diversos, livres de qualquer discriminação e, acima de tudo, haja transparência e responsabilidade na tomada de decisões baseadas em IA.

Em "Algoritmos de Destruição em Massa", Cathy O'Neil aborda algumas maneiras pelas quais a IA poderia perpetuar desigualdades, tais como para concessão de crédito e liberação de empréstimos, justiça criminal, triagem de currículos, etc.

É crucial que os criadores de algoritmos considerem essas questões e trabalhem para mitigar esses efeitos negativos, combatendo o que podemos chamar de racismo algoritmo, nas palavras de Naomi Cary.

E é nessa etapa do processo que começa o problema e se exponenciam os riscos, pois a maioria dos programadores é formada por homens brancos, com alto grau de escolaridade, cisgêneros e, na grande maioria, europeus ou estadunidenses. São essas pessoas que têm o poder de definir para quem será apresentado cada tipo de conteúdo; definir perfis para publicidade, crédito ou até mesmo tratamento médico.

Segundo Angle Bush, fundadora da organização *Black Women in Artificial Intelligence*, há risco de o sistema replicar vieses presentes nos dados usados para treinar os algoritmos. "Isso pode resultar em negações automáticas de empréstimos para indivíduos de comunidades marginalizadas, reforçando as disparidades raciais ou de gênero", explicou Bush[3].

Aplicando-se a IA massivamente, sem prévia curadoria acerca das desigualdades, um anúncio de subemprego pode

---

[3] IA usa base de dados que perpetua preconceitos e desigualdades. Disponível em: https://olhardigital.com.br/2023/07/07/internet-e-redes-sociais/ia-usa-base-de-dados-que-perpetua-preconceitos-e-desigualdades/

ser direcionado em massa para pessoas negras, enquanto um anúncio de cargos de chefia pode ser direcionado para pessoas brancas. Há também casos reais de padrões de beleza apresentados por aplicativos de IA apenas com a representação de pessoas brancas, magras, altas, etc., com ditos padrões ocidentais e hollywoodianos, em desconfiguração da realidade mundial, trazendo distorções de percepção da realidade.

O *The Bulimia Project*, formado por um grupo de conscientização sobre distúrbios alimentares, testou geradores de imagens de inteligência artificial, incluindo Dall-E 2, Stable Diffusion e Midjourney, para revelar como é a ideia dos programas de um físico "perfeito" em mulheres e homens. O estudo concluiu que a maioria mostrava mulheres loiras de pele branca e os homens "perfeitos" tinham cabelos castanhos e olhos castanhos. Muitos dos desenhos ainda apresentavam características quase caricatas, como os lábios carnudos, maçãs do rosto esculpidas e músculos superdefinidos, além de pele sem rugas e marcas. Os resultados imitavam o padrão de beleza irreal imposto na sociedade.

Tal enviesamento tecnológico gera uma parcialidade nas funções computacionais e pode fazer com que os algoritmos discriminem — ou simplesmente não reconheçam – qualquer conteúdo digital de pessoas "fora do padrão" programado.

Diante de tantos riscos, é muito importante também destacar que o desenvolvimento e aplicação da IA representam oportunidade de melhorias, inclusive sociais, que já estão sendo adotadas por várias marcas e anunciantes.

A marca DOVE, celebrando os 20 anos de sua campanha *Beleza Real*, lançou um novo compromisso em não usar IA em suas publicidades para criar ou distorcer a imagem das mulheres[4]. Para promover a inclusão e combater a distorção de imagens e a propagação de padrões de beleza tendenciosos, a marca

---

[4] Código Dove: A construção de um futuro livre de estereótipos - YouTube. Disponível em: https://www.youtube.com/watch?v=CjP-eLGixVw

criou o *Código Dove* para garantir que a representação da beleza gerada por IA esteja homologada com representações mais diversas e inclusivas.

Por fim, o desenvolvimento e o uso da IA na publicidade levantam questões éticas fundamentais e de vital importância para o nosso futuro. Já existe muito debate sobre o impacto da IA no trabalho, interações sociais, privacidade, justiça e segurança, mas não podemos esquecer do papel que a tecnologia e as marcas devem ter para reforçar a diversidade e inclusão.

A inteligência artificial pode e já está revolucionando o mercado publicitário, trazendo vantagens e tendências para os profissionais da área. Muito mais que regulação, é necessário debater sobre ética e diversidade, para que tenhamos, num futuro próximo, sistemas de IA que se ocupem de tarefas cotidianas, livrando-nos do que é repetitivo, sem causar danos à tão profunda desigualdade existente para as minorias.

*Este artigo foi construído em parceria com a inteligência artificial.

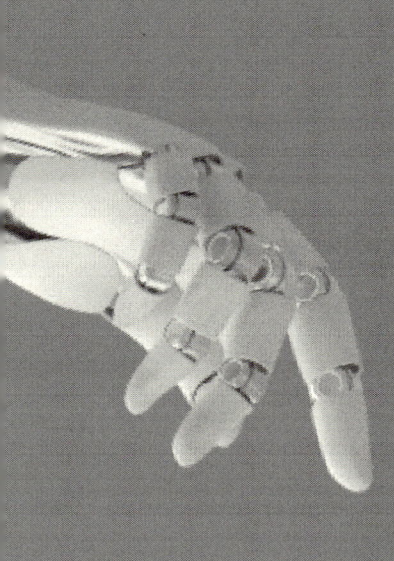

Pernod Ricard

Mariana Pimentel

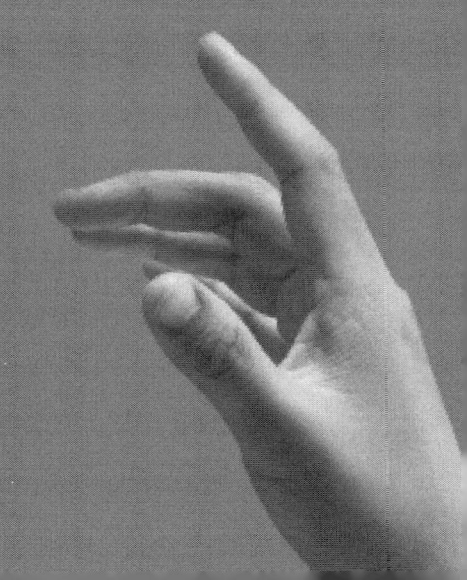

Uma ferramenta chamada LILI

Dedico esse texto ao time jurídico da PRB: Lila Guarany, Janaína Alencar, Camila Santos e Gabriela Nixon

E ra janeiro de 2020 e eu havia acabado de ingressar na Pernod Ricard. Uma das minhas missões era liderar uma equipe incrível nas áreas jurídica e de *compliance* e mover a agenda de relações governamentais no Brasil.

Com o tempo fui estudando o que era *legal marketing* e a enorme importância dessa área do Direito para a publicidade e propaganda. Fui aprendendo com as regras em vigor (Conar, Código de Defesa do Consumidor, Guias da ABA) e, obviamente, com a vivência de anos que o time tinha na atuação com o assunto.

Dos grandes desafios encontrados, além da total inexperiência no setor de bebidas alcoólicas (e de uma recém-maternidade que me deixava dormir no máximo três horas por dia), me deparei com um volume gigantesco de *assets* que precisavam ser manualmente avaliados pelo meu supertime.

A mecânica parecia simples, porém era bem maçante: cada cliente interno (marketing de cada marca da companhia, além das áreas de comunicação, trade marketing, vendas, eventos e *on trade*, etc.) enviava para o jurídico um e-mail pedindo a análise do material anexado. Tínhamos um *SLA* apertado para cumprir e uma dinâmica de negócios que não permitia que houvesse demora nas entregas. No mundo dos negócios, tudo tem um tempo para acontecer e os prazos são sempre para ontem.

Além disso, existiam outras áreas para apoiar: duas fábricas no Brasil, temas que variavam desde o direito contratual ou societário, questionamentos previdenciários vindos de RH, questões regulatórias levantadas por operações, dúvidas de como proceder com algum documento de logística, temas do contencioso, apoio a novos projetos, dúvidas dos *headquarters* e por aí vai.

Olhar para um banner simples e isolado, de uma publicação sobre um drink específico, pode trazer enormes questionamentos que não são puramente jurídicos ou estéticos, pois fazem parte de um contexto amplo, geral, político, social, econômico, cultural e precisa-se de maturidade para avaliação de cada arquivo recebido.

Das grandes marcas que temos, algumas geram inúmeros *assets* que vão de banners de e-commerce a materiais e embalagens do *off trade*, peças do *on trade* e campanhas publicitárias, e muitas mídias sociais, com muitos vídeos, áudios, *stories*, *scripts* e textos. O volume anual de *assets* em análise era imenso porque as marcas são icônicas: Absolut, Beefeater, além das marcas de whisky e whiskey Ballantine's, Chivas Regal e Jameson (dentre outras).

Pouco tempo depois da descoberta da dimensão do trabalho, fomos todos assolados pela pandemia da Covid-19. O mundo parou, mas o digital acelerou de forma descontrolada. Não tínhamos noção do que viria pela frente. As marcas faziam lives, comunicações sem fim e em diversos formatos, e além do volume de trabalho ainda havia o receio de perder a vida como ela era "antigamente", sem citar a perda dos entes queridos.

O volume de *assets* para análise quase quadruplicou em um ano!

Nessas horas, a gente analisa, questiona, respira e pensa. Eu tinha conhecimento de que meu time havia criado, em uma gestão anterior, uma ferramenta chamada Theo. Essa ferramenta era uma IA que prometia "ler" e "compreender" os *assets* de marketing e os *claims* das marcas, com toda limitação de se fazer publicidade no setor de bebidas destiladas, que tem regras bastante restritivas. O projeto de avançar com a ferramenta havia sido pausado por inúmeros fatores do passado, sendo um deles o fator técnico.

Refletimos em time e com muita dedicação de tempo e energia, algum recurso financeiro adicional, muitas conversas com as áreas técnicas, de tecnologia e nossos clientes internos e um bom planejamento, chegamos a um novo modelo: uma ferramenta mais moderna do que a versão anterior, mais fácil de ser utilizada pelos times internos e que nos dava uma resposta para análise de cada *asset* em menos de 2 segundos após a submissão do arquivo, com uma avaliação bastante acurada sobre aquele arquivo específico.

Os *dashboards* que podemos criar fizeram brilhar os olhos. Podemos checar qual marca demanda mais análise, que tipo de extensão de arquivo é mais submetido, se a mídia é *on* ou *off line*, e por aí vai. Os resultados começaram a criar uma empolgação no time e brilharam os olhos não apenas da diretoria local, mas também do time da nossa sede na França.

IA é uma insanidade, porque o desafia a todo momento, principalmente nos vieses inconscientes. Ademais, o coloca em um lugar de abstração e imaginação que nem sempre é compatível com áreas que são muito técnicas (no caso, a área jurídica) e a gente precisa imaginar que tipo de ferramenta a gente quer usar. Para imaginar um futuro é preciso tempo, e tempo é um recurso cada dia mais escasso. O que a ferramenta precisa ser e fazer para poder ser a minha versão *bot* para resolver um assunto?

Uma IA é um filho que cresce, que cria novas habilidades, que come sozinho e depois começa a andar. Ainda estamos aprimorando a ferramenta e ajustando as configurações para ela funcionar da melhor maneira possível, com a menor interação humana possível, e temos ainda um bom caminho a seguir, mas não desistimos. E o mais importante: precisamos ouvir nossos clientes internos, o que eles precisam, o que eles gostam ou não gostam da ferramenta. Uma verdadeira aula de experiência do cliente.

Os vieses inconscientes também afetam a inteligência, para o bem e para o mal... Nossas marcas tocam em temas relevantes e pautas incríveis, como consumo responsável, sustentabilidade e responsabilidade corporativa, direitos LGBTQIAP+, mas a máquina é feita pelo homem, e a humanidade ainda está longe de atingir um patamar ético e moral que nos permita, neste momento, fazer com que a análise dos *assets* seja feita apenas pela máquina.

Com o objetivo de ajudar a ferramenta a ser cada dia melhor ainda povoamos a "inteligência" com *insights* e aprendizados (acredito que nessa parte do "ensinar" a ferramenta não terá fim), porém acho que vamos chegar em um ponto de estabilidade que nos permitirá dedicar tempo para *assets* específicos, com análise tanto da máquina quanto humana.

O tempo passou e a ferramenta tem um novo nome, foi rebatizada e agora se chama LILI.

LILI é a combinação de três coisas que são caras ao time jurídico local: homenageamos nossa amiga Lila, que foi uma das criadoras da ferramenta; fazemos referência à marca queridinha das meninas do jurídico da Pernod Ricard, que é o aperitivo vínico "Lillet" e, obviamente, se a ferramenta é ótima e promete ser um grande avanço, só pode ter nome de mulher (uma piada interna de um time bastante feminino).

No futuro, esperamos poder exportar a tecnologia para as demais áreas jurídicas de outras afiliadas do grupo, expandir eventualmente a área de atuação da IA e aplicar em temas que vão de rotulagem a ingredientes e, quem sabe, *plugar* a ferramenta em outras tecnologias que já utilizamos internamente.

A inteligência artificial é uma jornada... e vamos devagar, porque temos pressa.

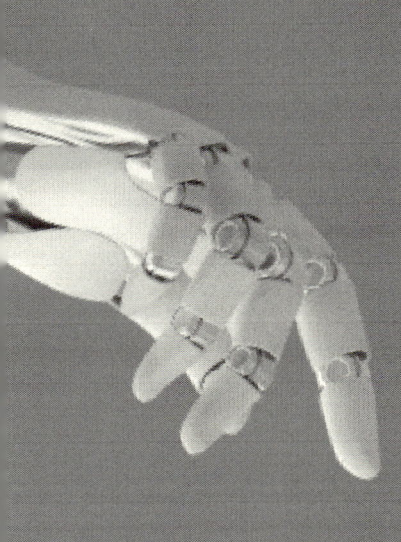

Bradesco

Nathalia Garcia

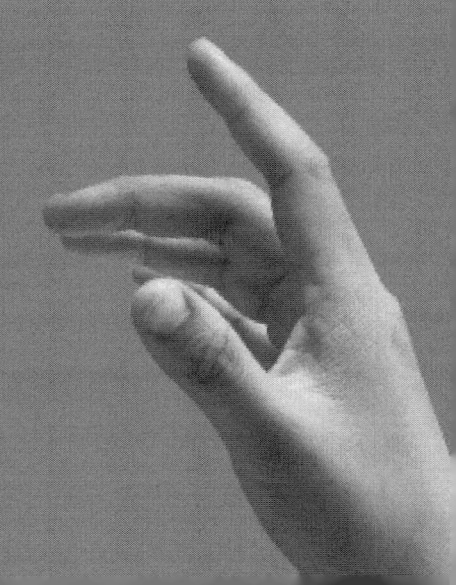

A revolução da inteligência artificial no marketing e o setor bancário: o caso emblemático da BIA do Bradesco

A inteligência artificial é uma área da tecnologia que engloba sistemas e *softwares* capazes de simular ou se assemelhar à inteligência humana. Muito além das previsões distópicas, a IA está presente em nosso dia a dia há anos e, em muitos casos, de maneira discreta. Já podemos encontrá-la nos *smartphones*, nos carros, nos sistemas de segurança, nos recursos de tradução *on-line* e até mesmo nas redes sociais. Sua presença é tão sutil que muitas vezes nem percebemos como ela influencia nossa rotina e facilita a vida.

A relação entre IA e desempenho empresarial, portanto, é inegável. Empresas que adotam essa tecnologia emergente tendem a obter resultados significativamente melhores. E, no marketing, esta premissa não seria diferente, podendo ser implementada de diversas maneiras. Acredito que uma das principais aplicações é na segmentação de clientes e público-alvo, permitindo a criação de estratégias de comunicação e marketing mais precisas e eficazes. Ela pode ser a mentora por trás de plataformas de *Customer Relationship Management* (CRM) e o "cérebro" que direciona os *chatbots*, otimizando a interação com os clientes.

Aqui no Bradesco, por exemplo, fomos pioneiros na implementação da IA em grande escala no País, criando um caso emblemático não só no setor financeiro, mas também em diversas outras indústrias, reconhecido inclusive mundialmente. Falo da BIA, Bradesco inteligência artificial. Criada em 2016, em parceria com a IBM, ela surgiu com o objetivo de avaliar como a IA poderia gerar mais valor para a indústria financeira.

O Bradesco foi a primeira empresa no País a treinar o sistema IBM Watson no idioma português, permitindo interações em linguagem natural com os seus usuários. Inicialmente, a BIA foi utilizada para melhorar a experiência dos funcionários das agências do Bradesco, ajudando-os em suas atividades diárias. À medida que o sistema recebia *feedback* dos usuários, ele se tornava mais inteligente e intuitivo, permitindo a evolução para atender os clientes do banco.

Desde seu lançamento, a BIA se mantém em constante evolução, com um *roadmap* que inclui novas funcionalidades e melhorias contínuas. Hoje, a assistente virtual do Bradesco pode responder a perguntas sobre diferentes temas ligados à companhia, desde informações sobre campanhas e patrocínios até realizar transações bancárias, funções mais simples como informar o cliente sobre seu saldo, últimos lançamentos e a cotação do dólar no dia, ou realizar ações mais complexas como transferências via Pix e o envio de informações sobre o vencimento dos investimentos CDB e LCI.

Até o momento, a BIA já acumula mais de dois bilhões de interações e é utilizada por aproximadamente 22 milhões de clientes em diversos canais, pulverizados pelo aplicativo, URA e WhatsApp, tornando-se um ativo valioso para o Bradesco tanto do ponto de vista tecnológico como de marca.

Também de olho nas questões relacionadas à privacidade e proteção de dados, ao longo dos anos, a BIA recebeu funcionalidades de segurança em todos os seus pontos de interação com o cliente. Um exemplo é o envio de avisos de suspeita de fraude de cartão de crédito e transação Pix, agilizando a manifestação e tratativa desses casos.

Inteligência artificial aliada ao respeito e à inclusão

O projeto da BIA foi ainda reconhecido pela Unesco como referência no uso responsável da IA no combate ao assédio de gênero. O fato de a abreviatura de Bradesco Inteligência Artificial (BIA) remeter a um nome feminino fez com que o Bradesco mantivesse uma postura atenta em relação aos possíveis casos de agressão, preconceito e sexismo às assistentes virtuais. Isso se refletiu em iniciativas como a campanha que reposicionou a BIA como uma voz forte e direta contra o assédio, rompendo com a subserviência e a passividade.

A campanha foi fruto de um trabalho de meses, envolvendo os times de RH, marketing e Tecnologia do Bradesco, em linha com movimentos corporativos mais amplos, como o #AliadosPeloRespeito e as frentes de Recursos Humanos com a Universidade Corporativa Bradesco (Unibrad). A ação teve desdobramento no X, o antigo Twitter, no qual convidou as inteligências artificiais de outras marcas para se juntarem a este movimento de combate ao assédio. Também abrangeu uma live no YouTube do banco, com debates e dicas de comportamento contra o assédio, e a gravação de *podcasts* com influenciadores promovendo conversas a respeito do tema.

Tal ação, capitaneada pela BIA, destacou a importância de utilizar a IA de maneira responsável, incentivando valores, como respeito e inclusão e fornecendo um exemplo claro de como a IA pode ser usada de forma eficaz e ética, com benefícios significativos tanto para a instituição quanto para seus clientes e, principalmente, para a sociedade.

Por isso, quando conseguimos combinar criatividade e tecnologia de forma planejada, desenvolvemos campanhas que não apenas informam, mas principalmente inspiram, motivam e conectam as pessoas com a marca. Este é um ponto de extrema importância quando falamos de marca e reputação, já que a IA nos permite identificar padrões de consumo, entender o comportamento dos clientes, compreender suas preferências e apontar tendências. Informações tão relevantes quando temos os clientes no centro das decisões estratégicas do negócio.

IA Generativa: o que podemos esperar

Como a inovação faz parte da história do banco, o aprimoramento das ferramentas não para. Assim, cada vez mais temos olhado para a IA generativa, que consegue criar materiais novos e originais a partir do que aprende, sendo um verdadeiro divisor de águas na produtividade e geração de conteúdo.

Não à toa, a IA generativa ganhou notoriedade recentemente com suas aplicações no contexto do atendimento ao cliente, trazendo impactos significativos para os diferentes setores, inclusive bancário. Hoje, a IA generativa já permite a criação de assistentes capazes de conduzir conversas cada vez mais precisas, direcionando os usuários e oferecendo dicas sobre transações em uma linguagem humanizada e mais natural. Do mesmo modo, pode solicitar mais detalhes e reconhecer quando há mudança de tópico ou de assunto, sem precisar reiniciar a conversa.

Efeitos da IA no marketing

Com toda a evolução tecnológica acontecendo, sabemos que o uso cada vez maior da IA pela área de marketing é um caminho sem volta. Por isso, elenco aqui mais alguns benefícios que a tecnologia pode trazer no dia a dia.

A escalabilidade é um ponto crucial da inteligência artificial no marketing. Com a IA, é possível aumentar a escala das operações, alcançando mais clientes e realizando mais campanhas com o mesmo nível de recurso.

Outro benefício é a agilidade e a redução da burocracia nos processos. Um bom *software* de IA aplicado ao marketing proporciona maior rapidez nos procedimentos, garantindo uma jornada do cliente mais fluida e eficiente. Além disso, pode apoiar a reduzir o "churn", indicador que mede quantos clientes deixaram a empresa.

A IA também desempenha um papel crucial na oferta de serviços digitais e como ferramenta gerencial, ajudando a combater fraudes e crimes financeiros. O gerenciamento de dados é essencial para a governança da IA nas operações bancárias.

A incorporação de sistemas de *machine learning* (MLOps) no processo operacional também é vital para o uso eficaz de IA no setor bancário, pois envolve o gerenciamento contínuo dos modelos e incentiva a colaboração entre equipes diversas, desde cientistas de dados até profissionais de TI. Essa cooperação cria modelos de IA tecnicamente mais vigorosos e alinhados com os propósitos empresariais e os padrões de conformidade do banco.

Para os profissionais de marketing que utilizam IA, ela se torna uma importante ferramenta na minimização de erros e na melhoria da eficiência dos fluxos de trabalho. As soluções de IA também podem automatizar tarefas repetitivas, permitindo que os profissionais se concentrem em atividades mais estratégicas.

Assim, podemos afirmar que a inteligência artificial é uma ferramenta poderosa que, quando usada de forma estratégica, pode revolucionar o marketing bancário, proporcionando vantagens competitivas e contribuindo para um futuro mais inovador e sustentável.

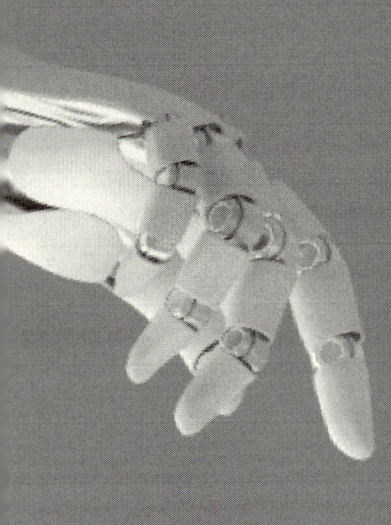

Dasa

Nelcina Tropardi | Caroline Ranzani

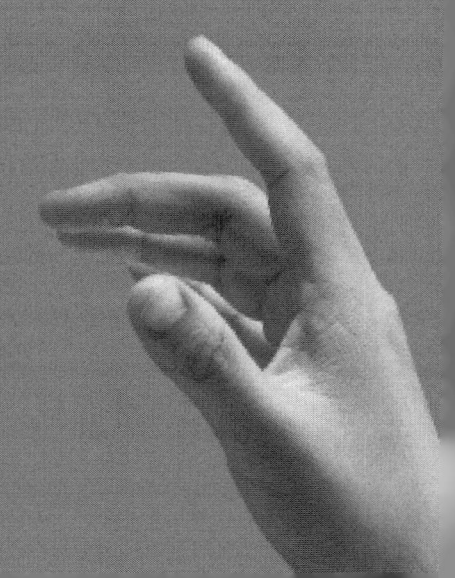

Desafios jurídicos para sistemas de IA na área da saúde

1) Introdução

É inquestionável o potencial da tecnologia para o avanço dos Objetivos do Desenvolvimento Sustentável da Organização das Nações Unidas, sobretudo da inteligência artificial na transformação da saúde global. Além de melhorar a velocidade da triagem e a precisão do diagnóstico de doenças, proporcionar tratamentos personalizados e fortalecer a pesquisa em saúde, também é capaz de trazer eficiência ao desenvolvimento de medicamentos e a diversas ações de saúde pública, como vigilância epidemiológica e gestão de sistemas.

Todo o entusiasmo, no entanto, tem sido acompanhado por preocupações relativas à possibilidade de esta mesma tecnologia gerar informações enviesadas ou até ameaçar a privacidade de dados, motivo pelo qual a introdução de IA na Saúde tem gerado debates no campo jurídico e tem ressaltado a necessidade da construção de mecanismos de regulação e governança, bem como de bases éticas e de códigos de conduta, de forma a garantir qualidade e segurança ao paciente e às populações.

2) Principais questões jurídicas relativas ao uso de IA na Saúde

No Brasil, vários hospitais já utilizam sistemas de inteligência artificial, como o Hugo da Medtronic, com o objetivo de otimizar cirurgias robóticas. Caso tal cirurgia seja mal executada ou o paciente apresente complicações resultantes do procedimento, a responsabilidade civil poderá recair sobre diversos atores, incluindo o médico que supervisiona a cirurgia, o hospital que emprega o sistema de IA, a empresa que disponibiliza o sistema no mercado, a empresa que desenvolve o *software* ou *hardware*, sem mencionar até mesmo o próprio paciente, caso tenha contribuído indubitavelmente para o dano em questão.

O Projeto de Lei n.º 2.338/2023[1], de autoria do Senador Rodrigo Pacheco (PSD/MG) e que está em tramitação no Senado Federal brasileiro, visa regulamentar o uso da IA no país e, além de resguardar direitos aos usuários da tecnologia, também estabelece critérios de classificação de risco para os sistemas de IA: quanto maior o risco apresentado, maiores são as obrigações e responsabilidades dos atores envolvidos no seu desenvolvimento, comercialização e aplicação. De acordo com a redação atual, que ainda pode ser alterada, todos os sistemas de IA que tiverem potencial significativo de produzir danos à saúde e à integridade física, serão considerados sistemas de "alto risco" e, desta forma, estarão sujeitos a regras mais rígidas de governança (como as obrigações de produção de relatório de impacto algorítmico e de notificação da Autoridade Nacional em casos de incidentes graves), e de responsabilização de seus agentes (que responderão objetivamente pelos danos causados aos pacientes) e, ainda, ensejarão direitos de explicação, de contestação e de supervisão humana das decisões tomadas pelo algoritmo.

---

[1] Projeto de Lei n.º 2.338/2023. Disponível em: https://www25.senado.leg.br/web/atividade/materias/-/materia/157233

Outro risco jurídico extremamente importante no contexto de utilização da IA na saúde consiste na privacidade e proteção de dados dos pacientes, sobretudo quando se trata da utilização de dados para a medicina personalizada. A capacidade da IA de analisar grandes conjuntos de dados de pacientes em tempo real por meio de dispositivos vestíveis também conhecidos como *wearables* – incluindo pressão arterial, nível de glicose, frequência cardíaca, informações neurais, entre outros – suscita inúmeras questões éticas e legais[2]. Neste contexto, já se podem observar os primeiros indícios de violações de privacidade e proteção de dados. Segundo um relatório publicado pela *Neurorights Foundation*, que analisou 30 empresas na área de aplicativos de IA neural, constatou-se que a maioria das políticas de privacidade não estão em conformidade com as principais leis e padrões internacionais[3]. O estudo indica que, entre as empresas analisadas, apenas uma restringiu o acesso aos dados neurais de um usuário, enquanto quase dois terços poderiam compartilhar dados de usuários com terceiros para fins comerciais.

Mais um grande debate em torno desta pauta é se as empresas detentoras destas tecnologias poderiam empregar os dados obtidos para direcionar estratégias de marketing e publicidade a grupos específicos de pacientes. Neste sentido, quais seriam os limites éticos e jurídicos do marketing para dispositivos tão inovadores e sem precedentes em uma área tão sensível como a saúde? É inegável que esses produtos são altamente pervasivos e podem representar riscos significativos, especialmente considerando o limitado entendimento geral da população sobre seu funcionamento e seus impactos.

---

[2] POALELUNGI D.G., MUSAT C.L., FULGA A., NEAGU M., NEAGU A.I., PIRAIANU A.I., FULGA I. Advancing Patient Care: How Artificial Intelligence Is Transforming Healthcare. Journal of Personalized Medicine. 2023; 13(8):1214. https://doi.org/10.3390/jpm13081214. Disponível em: https://www.mdpi.com/2075-4426/13/8/1214.

[3] GENSER, Jared. DAMIANOS, Stephen. YUSTE, Rafael. Safeguarding Brain Data: Assessing the Privacy Practices of Consumer. Neurorights Foundation, 2024. Disponível em: https://neurorightsfoundation.org/reports.

3) Conclusão

Embora esteja claro que o componente humano é essencial para o cuidado em saúde, o componente digital é irreversível. A fim de que a tecnologia seja uma força propulsora de inovação, equidade e integridade em prol de uma saúde sustentável e acessível, é preciso trabalhar na construção de um ambiente seguro para os investimentos em uma medicina cada vez mais inovadora e centrada nas necessidades humanas.

4) Referências

GENSER, Jared. DAMIANOS, Stephen. YUSTE, Rafael. **Safeguarding Brain Data: Assessing the Privacy Practices of Consumer. Neurorights Foundation, 2024**. Disponível em: https://neurorightsfoundation.org/reports. Acesso em: 24 abr. 2024.

POALELUNGI DG, MUSAT CL, FULGA A, NEAGU M, NEAGU AI, PIRAIANU AI, FULGA I. **Advancing Patient Care: How Artificial Intelligence Is Transforming Healthcare**. Journal of Personalized Medicine. 2023; 13(8):1214. https://doi.org/10.3390/jpm13081214. Disponível em: https://www.mdpi.com/2075-4426/13/8/1214. Acesso em: 24 abr. 2024.

PR NEWSWIRE. **Healthy.io Receives Landmark FDA Clearance For First and Only Smartphone-Powered Home Kidney Test**. Matéria publicada em website. Publicado em 12/06/2022. Disponível em: https://www.prnewswire.com/news-releases/healthyio-receives-landmark-fda-clearance-for-first-and-only-smartphone-powered-home-kidney-test-301584531.html. Acesso em: 24 abr. 2024.

SAÚDE BUSINESS. **Hospital Nove de Julho investe em novo robô que reduz em cerca de 30% os custos das cirurgias robóticas para os pacientes**. Matéria publicada em website. Publicado em 06 mar. 2024. Disponível em: https://www.saudebusiness.com/hospitais/hospital-nove-de-julho-investe-em-novo-robo-que-reduz-em-cerca-de-30-os-custos-das. Acesso em: 24 abr. 2024.

Ethics and governance of artificial intelligence for health: WHO guidance. Geneva: World Health Organization; 2021. Available from: https://www.who.int/publications-detail-redirect/97892400292

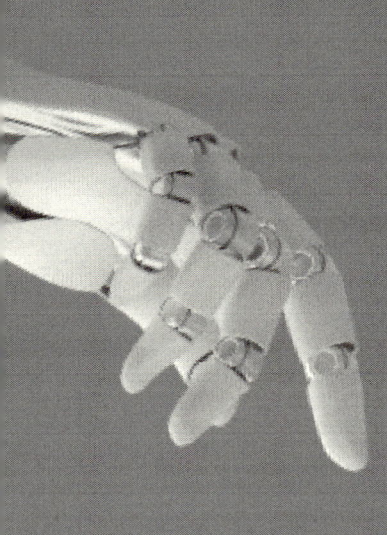

L'Oréal

Patrick Sabatier

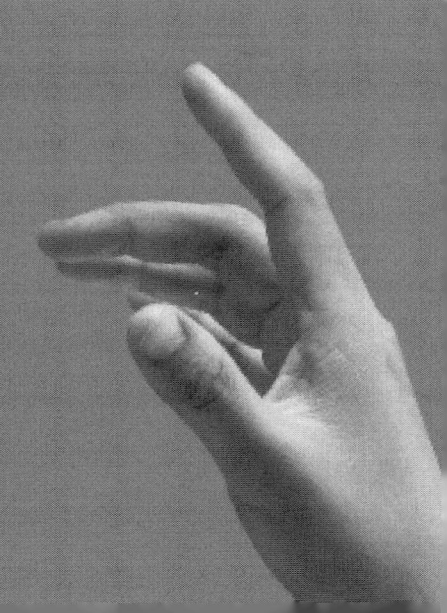

IA, marketing e ética

Num ritmo e numa dimensão sem precedentes, a IA está revolucionando todos os setores, assim como todas as vidas e interações sociais, abrindo muitas oportunidades e trazendo muitos desafios.

O uso da IA pelo Grupo L'Oréal

Para enfrentar este novo paradigma no Grupo L'Oréal fomos pioneiros na *Beauty Tech*, defendendo uma beleza personalizada, inclusiva e responsável em escala com o lema *Beauty for Each powered by Beauty Tech*. No Grupo L'Oréal acreditamos que a Beauty Tech é essencial para surpreender os consumidores com inovações pioneiras, para capacitar os consumidores com experiências de beleza elevadas e para aumentar a jornada da experiência de beleza, criando novos códigos de beleza e novas relações entre marcas e consumidores.

O uso correto da IA (e da IA Generativa) é fundamental. A L'Oréal usa IA há anos de diversas maneiras e desenvolveu conhecimentos únicos. Sempre com foco principal em IA responsável, ética em nossos algoritmos e com a privacidade de dados no centro.

Usamos IA, por exemplo, para:

- Fornecer diagnósticos e análises de pele personalizados;

- Ajudar na criação de produtos, por exemplo, usando IA para reformular nossos produtos e diminuir o impacto ambiental;
- Permitir que os consumidores experimentem produtos virtuais como Modiface;
- Analisar tendências e prever preferências do consumidor;
- Potencializar *chatbots* para responder às perguntas dos consumidores 24 horas por dia, sete dias por semana...

O Grupo L'Oréal desenvolveu fortes capacidades de IA internamente com 5.500 especialistas em tecnologia e dados empregados internamente e colabora amplamente com parceiros fortes e *startups* para desenvolver ainda mais soluções baseadas em IA.

Temos alguns ótimos exemplos de como usamos IA que estamos apresentando, por exemplo, no VivaTech (Shu Uemura 3D shu:brow, MetaProfiler de Giorgio Armani, Kerastase K-Scan, Maybelline Beauty App for Teams ou Water Saver de L'Oreal Professionnel). Conseguiremos desenvolver um corpus de informação que seja fonte de vantagens competitivas com forte adesão à ética, à privacidade dos dados e à utilização e desenvolvimento de algoritmos imparciais que determinarão a forma de utilização da IA Generativa.

IA, o marketing e a ética podem caminhar juntos

Ética e inteligência artificial: Navegando no Labirinto Moral da Tecnologia Moderna[1].

A ascensão da inteligência artificial (IA) trouxe consigo uma miríade de questões éticas que desafiam nossas concepções tradicionais de moralidade e responsabilidade. À medida que essa

---
[1] Escrito pelo aplicativo ChatGPT ou a demonstração que a IA entende as questões éticas.

tecnologia se infiltra em diversos aspectos de nossas vidas, desde assistentes virtuais até sistemas de decisão em larga escala, surge a necessidade premente de examinar como a ética pode ser integrada ao desenvolvimento e uso da IA.

A IA, por sua própria natureza, reflete as decisões e valores de seus criadores. Isso levanta preocupações sobre como garantir que essas tecnologias sejam desenvolvidas e utilizadas de maneira ética. Por exemplo, algoritmos de IA podem reproduzir e amplificar preconceitos existentes se forem treinados com conjuntos de dados enviesados. Da mesma forma, sistemas de IA autônomos podem tomar decisões que contradizem nossas noções de justiça e equidade.

Para abordar essas preocupações, muitos especialistas propuseram diretrizes éticas para orientar o desenvolvimento e implementação da IA. Entre esses princípios comuns estão:

1. Transparência e Responsabilidade: os sistemas de IA devem ser transparentes em suas operações e os responsáveis por suas decisões devem ser identificados e responsabilizados.

2. Justiça e Equidade: as decisões tomadas por sistemas de IA devem ser justas e equitativas, sem discriminação com base em raça, gênero, religião ou qualquer outra característica protegida.

3. Privacidade e Segurança: a privacidade dos dados dos usuários deve ser protegida e os sistemas de IA devem ser seguros contra ameaças cibernéticas.

4. Beneficência e Não Maleficência: os sistemas de IA devem ser projetados para maximizar o benefício para a sociedade e minimizar o dano potencial.

5. Autonomia e Liberdade: os sistemas de IA não devem restringir desnecessariamente a autonomia e a liberdade das pessoas.

Apesar dos avanços na formulação de princípios éticos, a implementação prática desses valores na IA continua sendo um desafio. Questões como o comércio entre privacidade e conveniência ou a responsabilidade legal por ações realizadas por sistemas autônomos permanecem controversas e em evolução. Além disso, a própria natureza da ética é complexa e multifacetada, variando de cultura para cultura e ao longo do tempo. O que é considerado ético em uma sociedade pode ser contestado em outra. Isso significa que não existe uma solução única ou definitiva para os dilemas éticos associados à IA. Em vez disso, é necessário um diálogo contínuo e inclusivo entre desenvolvedores, legisladores, filósofos, especialistas em ética e a sociedade em geral.

Rumo a um futuro ético e sustentável

Para garantir que a IA beneficie a humanidade de maneira ética e sustentável, é crucial adotar uma abordagem colaborativa e multidisciplinar. Isso inclui não apenas a implementação de diretrizes éticas robustas, mas também o desenvolvimento de mecanismos de governança eficazes e a promoção de uma cultura de responsabilidade e transparência no desenvolvimento e uso da IA. À medida que continuamos a explorar as vastas possibilidades da inteligência artificial, devemos lembrar que o verdadeiro teste de seu sucesso não será apenas sua eficácia técnica, mas também sua integridade ética. Somente assim poderemos garantir que a IA seja verdadeiramente uma força para o bem na sociedade moderna.

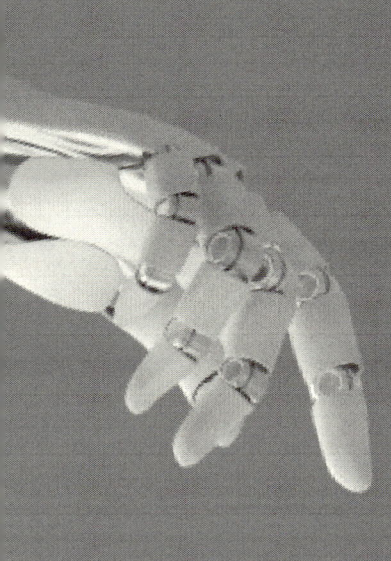

Diageo Brasil

Paula Ercole Bauléo

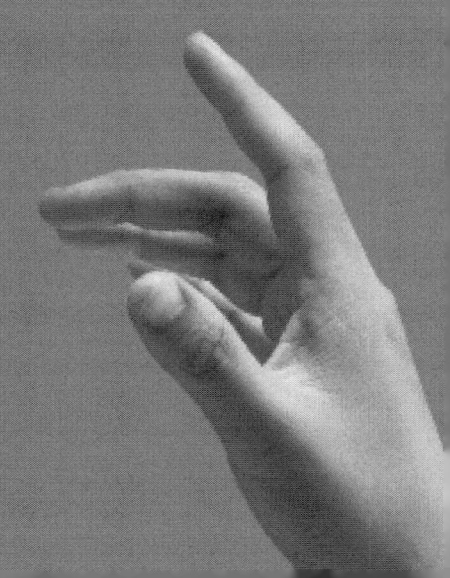

IA, marketing e Direito convergem em ética, responsabilidade e foco no negócio

Essas duas letras, IA, mudaram nossos dias atuais, e vão continuar nos desafiando no futuro. Sempre olhamos para a inteligência artificial como um futuro distante, tendo no nosso imaginário e referencial as telas de cinema e as séries futuristas. Mas, hoje, a tecnologia está logo aqui nas nossas mãos. No dia a dia das empresas, ela já está presente nas operações em várias instâncias e, com grande ênfase, na publicidade brasileira.

Navegar nesse mar aberto nos faz sentir borboletas no estômago – na mistura do entusiasmo do futuro a explorar, com o receio do que ainda estamos conhecendo e descobrindo. Mas, antes de tudo, é preciso compreender que IA é uma tecnologia, assim como a internet. Ela veio para facilitar e inovar, porém, em meio ao seu amplo potencial, usá-la requer cuidado, ética e responsabilidade.

Inovar está totalmente relacionado à tecnologia; no entanto, no Direito, inovar é juntar tecnologia e postura. Um time jurídico nos dias de hoje senta-se com diferentes clientes internos para viabilizar metas, resultados, inovações e sonhos. Contribuir para essas entregas é a chave para o sucesso dessa área. O papel do advogado do mundo corporativo, rapidamente, saiu daquele cenário em que o profissional interpretava cláusulas de um documento e ofertava suas recomendações para um papel ativo, no qual, junto com as áreas demandantes, entrega os resultados para as companhias. Liderar agendas, viabilizar caminhos, acelerar entregas, proteger o negócio, tudo de uma maneira ágil e eficiente, é o novo papel do Jurídico interno das empresas.

Para as questões publicitárias, nasceu dentro do Jurídico o *Legal Marketing*, uma área desafiadora para um advogado, que precisa olhar mais para fora, com foco na marca e no consumidor. A união do pragmatismo – Direito – e do encantamento – marketing – poderia causar conflitos, mas é muito mais fácil e excitante do que se imagina. A união de diferentes disciplinas e conhecimentos convergem para resolver questões de suma importância para empresas e sociedade.

Nesse papel, o advogado precisa lidar com três novos aspectos. O primeiro é colocar-se em um lugar de humildade, despindo-se de todo o seu saber para, humildemente, aprender e entender tudo o que não sabe sobre publicidade, a marca, o consumidor e os temas que permeiam esse universo. É com essa postura que a relação de confiança e respeito começa a ser criada e facilita o dia a dia desta intensa convivência em que muitos "nãos" serão ditos de ambos os lados.

O segundo, é embarcar no mundo da literatura publicitária, com o objetivo de entender a necessidade do marketing e o objetivo de cada ação. Ler e decifrar materiais publicitários e seus canais de divulgação: campanhas, influenciadores, televisão, rádio, textos, imagens, parcerias, licenciamentos etc. Buscar nas linhas lúdicas a clareza, a verdade, a transparência com que a mensagem será levada ao consumidor.

E, por último, é estar preparado para o dinamismo e a velocidade com que os temas circulam, surgem e migram nas pautas do mundo publicitário. As legislações não acompanham a velocidade das inovações tecnológicas, mas o universo criativo sim. A inteligência artificial é um exemplo clássico desse compasso diferente. O tema permeia debates e fóruns de tecnologia há mais de dez anos, já é ferramenta de trabalho em centenas de atividades, como a publicidade; no entanto, ainda debatemos leis para seu uso.

Nesse contexto, entra a relevância da autorregulamentação que, rapidamente, consegue agir e ser efetiva em suas orientações para os anunciantes, sempre com foco na proteção do consumidor. Um exemplo bastante conhecido foi a decisão do Conar (Conselho Nacional de Autorregulamentação Publicitária) sobre a emocionante campanha da Volkswagen com Maria Rita e Elis Regina. A campanha deu o que falar – foi certo ou não? Até onde podemos ir? -, no entanto, foi super-relevante para todo o mercado por abrir um debate sobre os princípios da transparência e dos direitos de terceiros relacionados à IA. Esse debate está longe de acabar e ganha, a cada dia, novos capítulos.

Diariamente, nos deparamos com novas situações desencadeadas pela IA – que, lembremos, são "ofertadas" pelo pensamento comum de cidadãos como você, eu:

i) vieses discriminatórios, sociais já existentes; (ii) violação de propriedade intelectual e de terceiros;

iii) violação da proteção de dados pessoais;

iv) falta de segurança cibernética;

v) falta de transparência;

vi) alucinações;

vii) aumento da desinformação/fake news, e não para, nem parará por aí.

Esse é um território que há pouco começou a ser explorado, e ainda há muitas camadas de descobertas excitantes e discussões. Carece de constante revisão e reflexão humana.

De acordo com a Gartner, as empresas que operarem com IA ética e com responsabilidade aumentarão em 50% seus resultados e experiência com o usuário final. Além disso, até 2025, estudos indicam que a IA Generativa deve produzir 10% de todos os dados na internet e 20% de todos os dados de teste para aplicativos voltados para o consumidor, e, até 2027, 30% dos fabricantes deverão usar essas ferramentas para melhorar o desenvolvimento de seus produtos. Ou seja, a IA está transformando a maneira como os anunciantes se comunicam e se conectam com seu público.

Em abril de 2024, tivemos a finalização do AI Act pela União Europeia e precisamos entender na prática como serão os desdobramentos desta regulamentação, pois deve nortear as conversas regulatórias no Brasil. É natural analisarmos o que vai acontecer nos países mais desenvolvidos - possuem mais investimentos em IA -, para entender como serão os próximos passos tanto de regulamentação quanto de uso, impactos, riscos aqui no Brasil.

O lançamento da regulamentação de IA está previsto para novembro deste ano (2024), com a realização do encontro da Cúpula de Líderes do G-20, a ser sediada no Rio de Janeiro. Como é uma ferramenta nova, com a qual todos estão aprendendo sobre e com ela na prática, os debates devem esquentar e as empresas que fornecem ou utilizam ferramentas de IA Generativa devem atuar preventivamente, adotando medidas de mitigação que incluem a realização de *assessments* internos, registro/comunicação de incidentes, políticas corporativas, códigos de conduta, bem como treinamento e qualificação dos profissionais que utilizam estes sistemas na prática. Tanto nas empresas provedoras como nas usuárias, é necessário governança.

Enquanto a publicidade brasileira inova, busca resultados melhores, experiências e diálogos cada vez mais próximos dos consumidores, debatemos paralelamente quais princípios devemos buscar. Falou-se muito em uma regulamentação principiológica no Brasil, assim como o Marco Civil para a internet, mas tudo indica que não será 100% pautada em princípios, que podemos ter restrições. O pleito deve ser sempre focado em não barrar a inovação no Brasil, mas sim em segurança, proteção e confiança dos sistemas de IA.

Enquanto isso, contamos com o intercâmbio de aprendizados

e com a inteligência de compartilhar experiências capitaneados por associações como a ABA, pioneira no debate do tema com o lançamento do "Guia ABA sobre Impactos da inteligência artificial Generativa na Publicidade". O guia apresenta uma visão geral das aplicações práticas, jurídicas e éticas da IA generativa, destacando o potencial de criar experiências publicitárias imersivas e interativas que cativam os consumidores em níveis mais profundos, incluindo *Do's & Don'ts*, superprático e explicativo.

Estamos aprendendo e construindo juntos sobre o uso da IA. Não existe especialista no tema que dirá o que e como devemos utilizar essa ferramenta, seja em material publicitário, em pesquisas de consumidores, em perfis de candidatos para vagas, em qualquer coisa. Vamos ter que nos acostumar a conviver com esta jornada de descoberta e evolução, afinal, o impacto transformador da IA no marketing não é apenas uma promessa. E ao equilibrar inovação e responsabilidade avançamos em direção a um futuro em que as experiências são mais do que transações, são conexões genuínas entre marcas e pessoas. A realidade de hoje é aproveitar os benefícios da IA enquanto mitigamos os desafios e preocupações associados ao seu uso[1].

---

[1] Este parágrafo final foi produzido e revisado por mim, com colaboração parcial do ChatGPT.

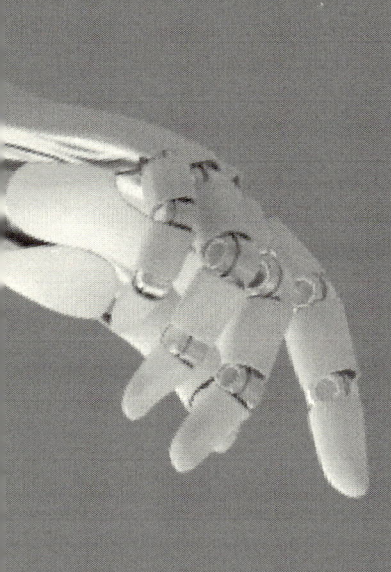

Natura & Co.

Paula Marsilli

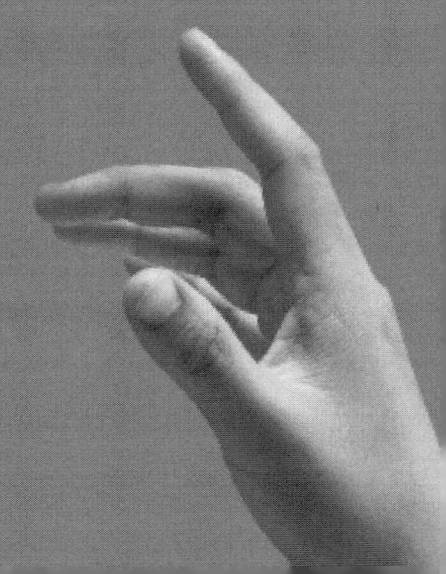

Como construir um futuro digital saudável e diverso, aproveitando o melhor que a IA tem a oferecer

Na mesma velocidade em que a inteligência artificial trouxe avanços importantes para todos os setores, também gerou uma série de questionamentos, dentre eles: como garantir que ela seja conduzida para o bem da humanidade? Como equilibrar a responsabilidade e a inovação por meio de uma regulamentação justa e que não impacte o desenvolvimento do país? Como ela vai impactar as profissões nos próximos anos? E como garantir um uso ético e responsável dessa tecnologia?

Poderosa e onipresente, trata-se de uma tecnologia ainda muito nova para que tenhamos todas as respostas para as perguntas que surgem a partir do seu uso. Não à toa, a IA tem sido pauta da maioria dos eventos do mercado e de debates entre especialistas, governos, profissionais de Direito, de marketing, entre outros. Estamos todos aprendendo juntos e, reconhecendo a importância e a complexidade do tema, esses debates são produtivos para que tenhamos as melhores soluções e também uma regulamentação que garanta seu uso responsável, seguro e ético, equilibrando a proteção de direitos e garantias fundamentais com o desenvolvimento socioeconômico, a inovação e a competitividade do país.

Ao utilizar algoritmos avançados para analisar volumes massivos de dados de forma ágil e precisa, a inteligência artificial vem se transformando em uma ferramenta crucial para os líderes de marketing, oferecendo *insights* profundos sobre os padrões de comportamento do consumidor, permitindo uma compreensão mais completa do público-alvo e uma segmentação mais eficaz das mensagens publicitárias, fazendo com que as comunicações das marcas sejam mais personalizadas e otimizadas – direcionadas ao cliente certo, no canal certo e no momento certo. O resultado serão experiências mais relevantes e gratificantes, tanto para as marcas quanto para os consumidores, aumentando as chances de termos sua atenção em um cenário onde a disputa por audiência é cada dia maior, e assim, performarmos melhor.

Outra vantagem da IA é sua automação inteligente que simplifica tarefas operacionais, além de apoiar os profissionais na criação de texto, imagens, áudio, dentre outras tantas funções. O universo de possibilidades é enorme e precisamos usá-la a nosso favor, focando nosso tempo na elaboração de estratégias criativas e inovadoras que ainda cabe a nós, seres humanos.

Porém, é necessário estarmos atentos aos riscos que a IA oferece, dentre eles, os vieses tendenciosos e discriminatórios, os direitos autorais e as *fake news*, o que esbarra diretamente no seu uso ético e responsável.

Não há dúvidas de que é necessário evoluirmos com uma regulamentação, porém, é preciso ressaltar que, independentemente de quando ela for aprovada no Brasil, o caminho da ética precisa ser trilhado por nós mesmos.

A ética se tornará um fator essencial para revisar o trabalho produzido pela IA e isso será uma grande vantagem competitiva para que as empresas consigam cumprir com a expectativa dos consumidores, que estão cada vez mais atentos e vigilantes. E a ética nada mais é do que os princípios que nos orientam, seja como seres humanos, seja como colaboradores de uma empresa. É termos a noção do que é certo e do que é errado, a partir de valores como o respeito à diversidade, aos direitos humanos, à propriedade intelectual, e como nossas ações impactam a sociedade como um todo.

Quando falamos de marcas, seu valor e longevidade estão ligados à sua capacidade de contribuir para um mundo melhor, mais justo e sustentável. É isso o que os consumidores esperam hoje. Na Natura, nossas causas são escolhas que geram impacto positivo para as pessoas e para o mundo. Atuamos como agentes de transformação e ela é reconhecida como uma das empresas mais sustentáveis do mundo, tendo em nossa DNA a diversidade, a equidade e a inclusão.

São inúmeras as iniciativas que abraçamos e que corroboram nossa responsabilidade ambiental e social, como a luta contra estereótipos femininos, uma vanguarda de Chronos, marca criada em 1986 para oferecer cuidados para a pele específicos por faixas etárias, contemplando também as mulheres mais maduras, acima dos 70 anos, indo na contramão do mercado, que prometia uma juventude irreal ao consumidor e tratava todos de maneira igual. Nesses quase 40 anos, a marca se consolidou como referência de uma beleza real e livre dos padrões impostos pela sociedade e ultrapassados.

Estou trazendo isso para enfatizar que o respeito às diferenças, o combate ao preconceito, a valorização da nossa pluralidade de cores, raças, gêneros, biótipos, e muito mais, são valores que precisam ser construídos ao longo da jornada das empresas, de dentro para fora, para que reflitam em suas comunicações. Isso gera uma cultura cada vez mais clara e forte de DE&I. E a relevância da cultura de DE&I nas empresas diante do avanço da IA fica evidente ao pensarmos que somos nós, seres humanos, que a usamos. Portanto, cabe a nós ter, no dia a dia, o olhar atento às questões éticas e ao respeito dos valores praticados pelas companhias as quais representamos.

Uma empresa que cultiva uma cultura de inclusão e diversidade tem mais chances de evitar riscos relacionados à discriminação, como manifestações de racismo, homofobia e uso de estereótipos, uma vez que essa cultura permite uma identificação mais eficaz de preconceitos arraigados e vieses tendenciosos. Sendo ainda mais clara, é muito mais difícil a aprovação de uma campanha antiética nesse cenário.

A cultura da DE&I esbarra também no uso de dados que abastecem os sistemas de IA, que trabalham com base em algoritmos que, se não estiverem adequadamente treinados, sem vieses discriminatórios e preconceituosos, poderão excluir determinados públicos de nossas bases, principalmente as minorias e aqueles que já costumam ser invisibilizados por preconceitos. Nós, profissionais de marketing, sabemos muito bem que os dados são hoje os ativos mais preciosos para guiar nossas estratégias e o quanto interferem no resultado de nossas campanhas.

A boa notícia é que podemos aprimorar o desempenho da IA ao fornecer comandos mais precisos e *feedbacks* que possam ir treinando a ferramenta até alcançarmos a resposta ideal, ou seja, não basta "falar" com a tecnologia, é necessário moderar o conteúdo entregue e lapidá-lo.

Ao mesmo tempo, se a IA aprende aquilo que a gente pratica, precisamos olhar para quem está usando essa tecnologia. São pessoas que talvez tenham preconceitos ou visões limitadas do mundo de acordo com suas vivências? Se o aprimoramento da ferramenta é feito através do olhar humano, dos nossos próprios vieses, é crucial que esses vieses sejam respeitosos, especialmente considerando a diversidade de culturas e sociedades presentes no mundo atual. Este cuidado é fundamental para garantir que a IA seja uma ferramenta que fortaleça a diversidade e a inclusão, ao invés de reforçar preconceitos e discriminações, ao mesmo tempo que protege a reputação das marcas.

A IA avança em uma velocidade vertiginosa e está em nossas mãos desenhar um caminho sustentável e seguro para o progresso tecnológico, usando-a como uma força positiva na sociedade, promovendo a criatividade, a inovação, impulsionando avanços na ciência, nos negócios, no desenvolvimento econômico, e promovendo a diversidade, a justiça e o bem-estar para todos.

Para isso, não há como dissociar uma cultura organizacional de DE&I e uma governança clara no uso da inteligência artificial, pautada pelo marketing responsável, com diretrizes e mecanismos de controles internos que garantam a transparência, a segurança, a proteção de direitos e a ética, na coleta e uso de dados, na implementação de algoritmos e nas campanhas publicitárias.

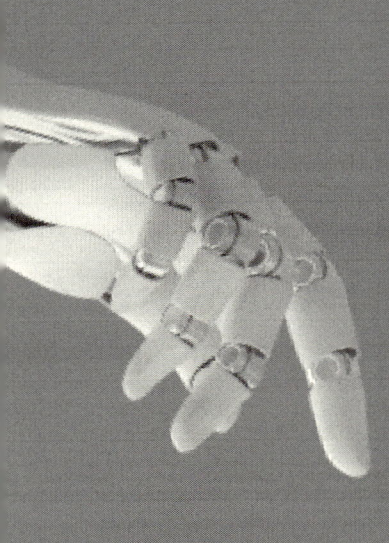

Reckitt

Priscila Cruz |
Gustavo Montandon

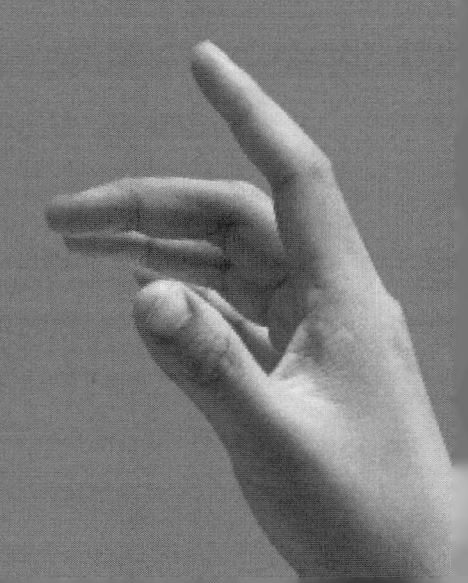

Inteligência artificial e marketing: o papel do departamento jurídico

Ao longo dos tempos, se fez evidente a transformação dos Departamentos Jurídicos nas empresas. Essas transformações foram se mostrando cada vez mais necessárias para que o Jurídico pudesse acompanhar as inovações do negócio, de forma a atuar estrategicamente na antecipação de riscos e oportunidades, além da proteção dos interesses das empresas. Nos últimos cinco anos, essa transformação ganhou *pace* muito mais acelerado na esteira da transformação digital.

A transformação digital, que pode ter chegado de forma incremental ou radical dependendo de cada empresa, impactou o Jurídico Interno de muitas formas: começando por contratos, passando por enfrentamento das questões éticas, na proteção de dados, direitos autorais, direito de biotecnologia etc. As inovações acabaram desencadeando dentro das empresas importantes e desafiadoras discussões em várias áreas do Direito, mas a maior mudança aconteceu na mentalidade e forma de atuação no Jurídico interno. Se ainda existia lugar para um Jurídico que agia, em qualquer situação, como observador externo dos resultados de suas recomendações, com a transformação digital, esse modelo, que já não produzia bons resultados, foi totalmente superado. Entrou em campo um Jurídico que adquiriu novos conhecimentos, estudou a fundo as grandes questões do século XXI e, mais importante, entendeu que não está no jogo se não for parte do negócio e que conhece tanto esse negócio que consegue antecipar de forma assertiva os riscos e oportunidades, ganhando papel fundamental no desenho da estratégia da companhia.

Tudo isso serviu para fundar a base para a mais fascinante e desafiadora transformação, a chegada da inteligência artificial (IA). Já vemos sinais em muitas áreas da empresa, inclusive no Jurídico. Dentre todas, a utilização de IA pelo marketing é que mais desperta discussões e reflexões, vez que traz alguns dos maiores riscos e oportunidades para o negócio. Nesse sentido, o papel do Departamento Jurídico se mostra fundamental nesse novo caminho. É o que abordaremos neste artigo.

Em linhas gerais, o papel do Departamento Jurídico é garantir que o marketing tenha tranquilidade para usar todos os benefícios da IA de forma sustentável e duradoura. Pode parecer exagerado num contexto em que tudo é muito novo e que a segurança jurídica é artigo de luxo, contudo, o papel do Jurídico é estabelecer um ambiente em que se tenha a maior segurança jurídica possível no momento.

Do ponto de vista técnico-jurídico, é importante considerar os seguintes aspectos:

- Conformidade Legal: assegurar a conformidade da ferramenta de IA e de seus *outputs* no contexto legal aplicável. Além dos aspectos gerais de Direito já considerados pelo Departamento Jurídico para análise de conformidade legal, em se tratando de IA, merecem destaque os direitos de autor e de propriedade intelectual, proteção de dados e os direitos concorrenciais. É essencial que a ferramenta de IA e seus *outputs* não sejam discriminatórios e não promovam a exclusão de grupos ou indivíduos.

- Conformidade Regulatória: garantir que a forma de utilização da IA pelo marketing esteja em conformidade com leis que regem ou virão a reger o uso da própria IA. Com a constante evolução das ferramentas e legislações aplicáveis, cabe ainda ao Departamento Jurídico manter-se atualizado sobre as inovações técnicas e legais a fim de oferecer análises que considerem o cenário mais atual.

- Parcerias: no geral, as empresas vão se utilizar de parcerias com desenvolvedores de tecnologia e prestadores de serviços para que tenham acesso a ferramentas de IA adequadas aos seus anúncios, análises de mercado, pesquisas, etc. Para isso, é importante que esses parceiros estejam em conformidade com a legislação em geral, em especial, as regras de proteção de dados e de propriedade intelectual e que suas ferramentas de IA tenham sido estruturadas de forma ética e legal, em especial em relação às fontes de treinamento da linguagem da ferramenta, à forma como as decisões são construídas pela solução e aos dispositivos de segurança para processamento de dados. Não basta que tudo isso esteja apenas previsto em contrato com todas as cláusulas de responsabilidade, é preciso realmente refletir a realidade. O Jurídico tem o papel de assegurar que a empresa tenha o processo correto de *due diligence* para validação desses parceiros.

- Gestão de Riscos: identificar, avaliar riscos jurídicos associados ao uso de IA incluindo possíveis vieses e discriminação nos algoritmos, uso inadequado de dados pessoais, e responsabilidades associadas a decisões automatizadas. Além disso, apoiar o marketing na validação de planos para mitigação dos riscos identificados.

- Ética e Governança de IA: desenvolver e implementar políticas internas que regulem o uso ético da IA, promovendo transparência e responsabilidade no desenvolvimento e implementação de soluções de IA, bem como regras para utilização das ferramentas disponíveis.

Em resumo, o Departamento Jurídico tem papel essencial para assegurar que todas as soluções de IA e seus *outputs* estejam em conformidade ética, legal, regulatória, que os parceiros sejam validados, que as parcerias estejam baseadas em contratos com responsabilidades definidas e que reflitam a realidade, que todos os riscos jurídicos estejam identificados, avaliados e mitigados satisfatoriamente. Vale dizer que isso é apenas uma fotografia do momento atual. Ao passo que as relações baseadas em IA vão sendo estabelecidas e consolidadas, novos riscos e oportunidades surgirão e exigirão cada vez mais dos advogados.

Para fazer frente às demandas decorrentes de IA, assim como ocorre com qualquer inovação tecnológica dessa magnitude, é recomendável que o Departamento Jurídico desenvolva novas competências técnicas (*hard skills*) e interpessoais (*soft skills*). A combinação destas novas competências com as habilidades já dominadas pelo profissional são essenciais para o desempenho de seu papel de forma efetiva. A seguir, destacamos algumas competências que julgamos essenciais neste momento:

Hard Skills

- Conhecimento em Direito da Tecnologia: compreensão profunda das leis de proteção de dados, direitos autorais e regulamentações específicas do uso de IA.

- Análise de Riscos: capacidade de identificar e avaliar riscos potenciais do uso de IA, bem como a habilidade em desenvolver estratégias de mitigação destes riscos, tendo em vista os objetivos do negócio e as diretrizes éticas da empresa.

- Habilidades em operações com IA: domínio do uso de ferramentas de IA é uma necessidade atual que não somente torna o profissional do Departamento Jurídico mais eficiente e assertivo, como também proporciona a oportunidade de conhecer com mais propriedade as soluções e, consequentemente, melhor compreender os desafios e ganhos que o marketing encontra na IA.

- Conhecimento estratégico do negócio: se o profissional conhece a estratégia do negócio, consegue identificar oportunidades e antever riscos e, assim, contribuir de forma efetiva.

Soft Skills

- Pensamento crítico e ético: fundamental para avaliar as implicações éticas do uso de IA.
- Comunicação eficaz: capacidade de explicar questões legais e técnicas complexas de forma compreensível para não especialistas.
- Flexibilidade e adaptabilidade: habilidade de responder a um ambiente de negócios, regulatório e tecnológico em rápida mudança.
- Capacidade de desaprender para aprender o novo.
- Habilidade de desenvolver parcerias.
- Conexão com a missão e valores da empresa.

Vale aqui destacar que a utilização da IA no marketing é uma realidade que veio para ficar e se desenvolver cada vez mais. Assim, mais uma vez, o Jurídico está em posição de se reinventar, aprimorar competências que já tinha e desenvolver novas. Do nosso lado, só podemos dizer que estamos prontos e muito animados para mais essa transformação!

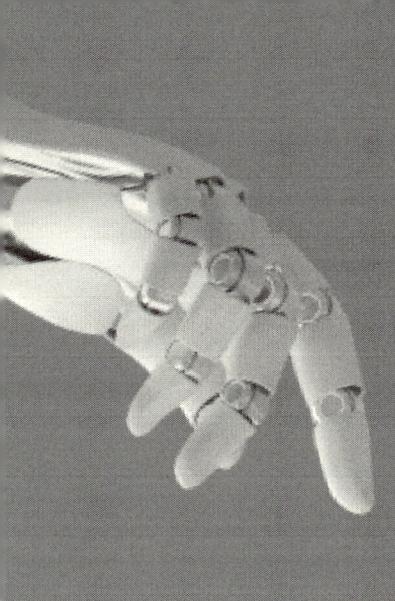

Kenvue

Rodrigo Laranjeira
Braga Borges

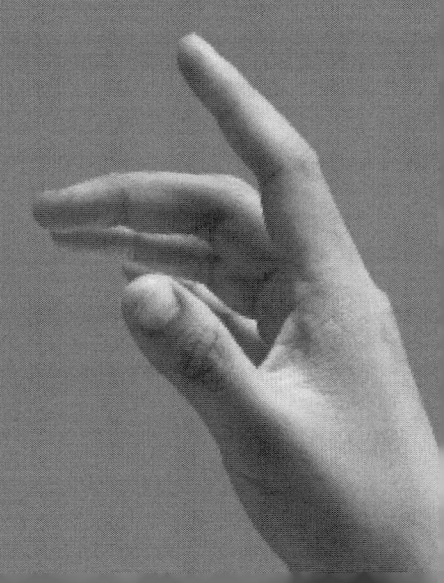

# Influenciadores artificiais: breves considerações e implicações jurídicas

Na era digital, a influência tem sido uma força poderosa na moldagem de comportamentos e decisões de consumo. Nos últimos anos, o fenômeno dos influenciadores digitais tem ganhado cada vez mais destaque, especialmente nas redes sociais. Essas personalidades virtuais têm o poder de influenciar e moldar opiniões, além de promover produtos e serviços para um público amplo. No Brasil, esse mercado de influenciadores movimenta milhões de reais, com projeções de crescimento significativo nos próximos anos.

De acordo com a Statista Research Department, em 2022, o Brasil registrou cerca de 165 milhões de usuários de redes sociais, com previsão de aumento de 15% até 2027. Isso faz do Brasil o quinto maior mercado de mídia social do mundo, atraindo investimentos cada vez maiores na prática de pagar influenciadores para promover produtos e serviços on-line. Entre 2018 e 2023, os gastos com publicidade de influenciadores no Brasil cresceram quase quatro vezes, ultrapassando os 410 milhões de dólares em 2023. A expectativa é que esse valor aumente em mais de 50%, ultrapassando os 630 milhões de dólares em quatro anos. O Brasil representa mais de 40% dos gastos com anúncios de influenciadores na América Latina e no Caribe. Em 2023, espera-se que os gastos com anúncios de influenciadores no Brasil superem em 30% os gastos do México, América Central e Caribe combinados[1].

---

[1] Influencer marketing in Brazil – statistics & facts. Statista. Disponível em: https://www.statista.com/topics/9465/influencer-marketing-in-brazil/#topicOverview

Recentemente, uma nova categoria de influenciadores digitais surgiu: os criados por inteligência artificial, também conhecidos como influenciadores sintéticos ou artificiais.

Essas figuras digitais criadas por algoritmos, embora não sejam seres humanos reais, têm a aparência e o comportamento semelhantes aos humanos e impactam significativamente as percepções e escolhas dos consumidores. Eles podem variar em aparência, personalidade e voz, mas todos compartilham a capacidade de interagir com o público nas mídias sociais e em outras plataformas digitais. O surgimento desses influenciadores é impulsionado pelo avanço da tecnologia de IA, que permite a simulação de comportamentos humanos de maneira convincente.

Dentre os influencers criados por IA, destaquem-se Aitana López (@fit_aitana), que tem cerca de 300 mil seguidores no Instagram, e Lil Miquela (@lilmiquela), que possui mais de 2,5 milhões de seguidores também no Instagram. Ambas já promovem marcas nas redes sociais e faturam com isso.

No entanto, junto com seu potencial de engajamento e alcance, surgem desafios jurídicos, éticos e questões de responsabilidade corporativa, que exigem uma abordagem cuidadosa e reflexiva.

Ao explorar o uso de influenciadores virtuais criados por IA, é fundamental uma análise transversal. Por exemplo, esses influenciadores podem inadvertidamente violar direitos de propriedade intelectual ao usar conteúdo protegido por direitos autorais, como músicas, vídeos ou imagens, sem a devida autorização. Além disso, a promoção de produtos ou serviços por esses influenciadores envolve questões de publicidade enganosa, exigindo a observância de regulamentações que garantam a transparência, incluindo a divulgação adequada de conteúdos patrocinados.

Outras preocupações incluem a representação de identidade e as implicações éticas caso os influenciadores de IA mimetizem indivíduos reais, potencialmente violando direitos de privacidade ou criando situações de falsa identidade. A utilização de uma imagem sintética que se assemelha a uma pessoa real pode levantar questões relacionadas aos direitos de imagem e de personalidade das pessoas retratadas ou que inspiraram o influencer sintético.

Também é crítico o tratamento de dados pessoais coletados durante as interações desses influenciadores com o público, um aspecto que deve estar em conformidade com a Lei Geral de Proteção de Dados (LGPD).

Os influencers sintéticos devem obedecer aos princípios de transparência e honestidade. Os consumidores têm o direito de receber informações claras e precisas sobre os produtos ou serviços promovidos, incluindo a natureza artificial do influencer. Qualquer promoção enganosa por parte de um influencer sintético pode constituir uma violação do Código de Defesa do Consumidor (CDC), sujeita a sanções (Artigos 6º, 7º e 20º do CDC – Lei nº 8.078/1990).

Além disso, o Código Brasileiro de Autorregulamentação Publicitária do Conar exige que as divulgações de produtos ou serviços por influencers sintéticos respeitem os princípios éticos de publicidade. Isso inclui a identificação clara de que o influencer é artificial, garantindo assim a transparência para o público consumidor. A responsabilidade por violações pode recair tanto sobre a empresa que desenvolve e controla o influencer sintético quanto sobre a marca ou empresa que utiliza seus serviços para publicidade.

Em linhas gerais, qualquer anúncio, seja ele promovido por um influencer criado por IA ou não, deve seguir o princípio da transparência, estar identificado como conteúdo publicitário, se houver publicidade comparativa não deve depreciar outra marca, não deve incentivar ações que podem ser consideradas crimes ou até mesmo impróprias para o público-alvo e não deve prometer resultados que não são alcançáveis com o produto ou serviço promovido.

Além do amparo legislativo já existente, é essencial considerar o quadro regulatório em desenvolvimento no Brasil. Um projeto de lei específico para regular a aplicação de IA está em tramitação (PL 2.338/2023), destacando princípios fundamentais como transparência, equidade e respeito à privacidade. Este projeto visa não apenas estabelecer diretrizes claras para o uso ético da IA, mas também definir responsabilidades para desenvolvedores e usuários desses sistemas. Especificamente para influenciadores sintéticos, tal regulamentação poderia esclarecer aspectos legais sobre a geração e uso de conteúdos, garantindo que a interação dessas entidades com o público esteja alinhada com normas de proteção de dados, como a LGPD, e princípios de publicidade não enganosa.

Incorporar essa nova legislação ao contexto dos influenciadores sintéticos enfatiza a necessidade de uma abordagem regulatória que acompanhe o ritmo das inovações tecnológicas. Com a IA cada vez mais presente em nosso cotidiano, é crucial que haja uma estrutura legal que não apenas mitigue riscos, mas também promova um desenvolvimento ético e responsável da tecnologia. A discussão em torno deste projeto de lei no Brasil é um passo importante para assegurar que a utilização de influenciadores artificiais em campanhas de marketing e comunicação seja transparente e justa, protegendo assim os direitos dos consumidores.

Tais desafios sublinham a importância de uma análise minuciosa das implicações legais envolvidas na utilização de influenciadores de IA visando à integridade tanto das práticas comerciais quanto dos direitos dos consumidores.

Em conclusão, o uso de influenciadores artificiais criados por IA é uma tendência crescente no mercado de publicidade digital, trazendo consigo desafios legais que exigem uma abordagem cuidadosa e reflexiva. Embora não exista uma legislação específica que aborde detalhadamente o uso da IA, as regulamentações existentes já são suficientes para regular o uso de influenciadores sintéticos no Brasil e responsabilizar agentes que eventualmente infrinjam essas regulamentações. No entanto, ainda há lacunas a serem preenchidas, e o PL 2.338/2023 pode desempenhar um papel importante nesse sentido. O futuro do marketing digital pode ser significativamente impactado por essas novas tecnologias e pela implementação de novas leis. Portanto, é crucial promover um debate amplo que busque soluções para um desenvolvimento ético e responsável da tecnologia.

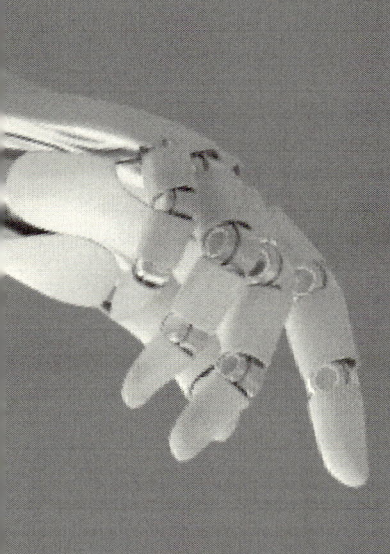

VLK
Advogados

Rony Vainzof

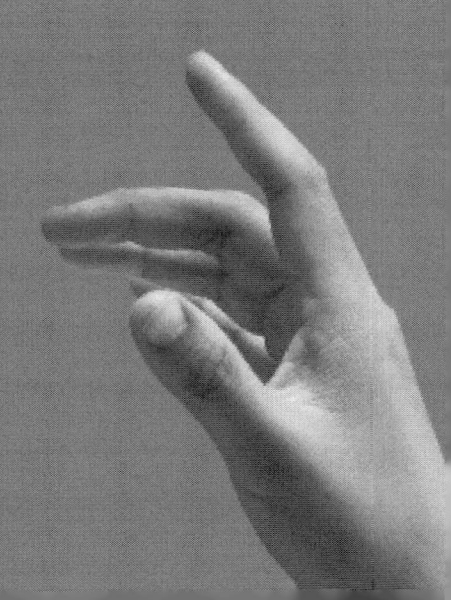

Inteligência artificial e Governança Empresarial

Introdução

A inteligência artificial é tecnologia condicionante para o desenvolvimento econômico, social e digital de qualquer nação no século XXI. No marketing, não é diferente. Estamos entrando em uma era praticamente sem restrições criativas, pautada na automatização de processos e hiperpersonalização de conteúdo em escala, na qual clientes economizam tempo e esforço para encontrar e usufruir bens e serviços que realmente precisam, por meio de anúncios condizentes com cada detalhe da sua vontade e personalidade[1].

Porém, caso a evolução tecnológica não esteja revestida de preceitos éticos e legais, com segurança e respeito aos direitos de terceiros e dos indivíduos afetados por IA, por meio de governança empresarial estruturada e qualificada, potencialmente os benefícios da IA serão forte e negativamente impactados, diante dos riscos existentes.

Desafios Éticos e Legais

A Comissão Europeia desenvolveu robusto trabalho sobre

---

[1] Somente a produtividade do marketing devido à IA generativa poderia aumentar entre 5 e 15 por cento do seu gasto total, no valor de cerca de US$ 463 bilhões anualmente. Disponível em https://www.mckinsey.com/capabilities/mckinsey-digital/our-insights/the-economic-potential-of-generative-ai-the--next-productivity-frontier.

o tema[2], o qual traz quatro princípios éticos para a IA: (i) respeito à autonomia humana; (ii) prevenção a danos; (iii) equidade; e (iv) explicabilidade.

Traduzindo para o marketing, seguem os principais desafios que a utilização de IA apresenta e que precisam ser cuidadosamente considerados na governança corporativa:

1. Alucinação da IA: geração de conteúdo que parece autêntico, mas pode ser enganoso ou falso, levando os consumidores a tomarem decisões baseadas em informações incorretas;

2. Transparência no uso de IA: em regra, as empresas devem ser transparentes sobre o uso de IA na criação de conteúdo para que os consumidores saibam que estão interagindo com um sistema automatizado;

3. Privacidade e proteção de dados: no treinamento da IA ou para avaliar e personalizar campanhas publicitárias, há um massivo uso de dados pessoais. É crucial garantir que esses dados sejam coletados e usados de maneira ética, com fundamento legal, respeitando a Lei Geral de Proteção de Dados (LGPD);

4. *Deepfake* e perenização de pessoas falecidas: consentimento em vida para o uso da imagem ou voz de pessoas falecidas ou permissão dos herdeiros; contexto comercial do uso da imagem de pessoas falecidas, especialmente se a representação for inadequada ou não condizente com a maneira como a pessoa gostaria de ser lembrada pelo que fez em vida; transparência sobre o uso da tecnologia e informar claramente que se trata de recriação artificial, de acordo com o contexto da publicidade e grau de persuasão para aquisição de produtos ou serviços;

---

[2] Orientações Éticas para uma IA de Confiança. Comissão Europeia. Grupo independente de peritos de alto nível sobre a inteligência artificial. Junho de 2018. Disponível em https://ec.europa.eu/futurium/en/ai-alliance-consultation.

5. Bias e discriminação: modelos de IA podem perpetuar e até amplificar vieses existentes nos dados de treinamento. A falta de diversidade nos dados de treinamento pode levar também a representações inadequadas de diferentes grupos sociais;

6. Autenticidade e originalidade: a IA pode criar conteúdo que viola direitos autorais, produzindo textos, imagens ou músicas que são muito semelhantes a obras protegidas;

7. Valor da criatividade humana: a dependência excessiva de IA para a criação de conteúdo pode impulsionar a desvalorização da criatividade humana;

8. Manipulação e persuasão: a IA pode ser usada para criar campanhas altamente persuasivas que manipulam opiniões e comportamentos dos consumidores de forma não transparente ou ética.

Medidas de governança

As organizações devem ponderar o melhor *framework* para governança de IA[3] e consolidá-lo mediante as seguintes medidas:

1. Mapear as aplicações de IA desenvolvidas, implementadas, utilizadas, disponibilizadas e/ou comercializadas pela organização;

2. Avaliar e determinar qual, dentre os possíveis papéis como "agentes de IA", a organização desempenha em cada uma de suas aplicações de IA;

3. Classificar o grau de risco de cada uma das aplicações de IA inventariadas de acordo com a sua finalidade;

---

[3] Como ISO/IEC 38507:2023 e ISO/IEC 42001:2023; AI Risk Management Framework (NIST); Standard for Transparency of Autonomous Systems (IEEE); AIGA AI Governance Framework (Universidade de Turku); EU AI Act; e Projeto de Lei 2.338/23 (Brasil).

4. Classificar os riscos no caso de utilização de modelos ou sistemas de IA de terceiros, como os de propósito geral;

5. Com base nas classificações de risco das aplicações de IA, suas finalidades, e no papel da organização, definir as medidas de governança recomendadas ou legalmente requeridas para cada aplicação de IA mapeada;

6. Estruturar o programa de governança, incluindo papéis e responsabilidades, comitê de ética em IA, elaboração e revisão de políticas, normas, cláusulas contratuais e processos;

7. Elaborar Avaliação de Impacto Algorítmico dos sistemas de IA entendidos como de alto risco, de acordo com a sua finalidade;

8. Adotar medidas, definir responsáveis e estabelecer métricas, dentre outras ações necessárias para o monitoramento do programa e supervisão dos sistemas de IA.

Ainda, como processos técnicos são sempre, ao mesmo tempo, processos sociais influenciados por valores, interesses e normas de seres humanos, é necessária uma perspectiva sociotécnica na governança da IA[4], implementando avaliações éticas e sociais no design, desenvolvimento e implantação dos sistemas de IA, mediante as seguintes reflexões[5]:

- Como o sistema chegará à sua decisão?

- Quais dados são/foram usados para tomar a decisão?

- Que medidas foram tomadas para garantir um resultado justo, envolvendo escolhas éticas, testes de preconceito, testes de resultados, treinamento de usuários e monitoramento de sistema?

---

[4] Leslie, D., Rincón, C., Briggs, M., Perini, A., Jayadeva, S., Borda, A., Bennett, SJ. Burr, C., Aitken, M., Katell, M., Fischer, C. (2023). AI Ethics and Governance in Practice: An Introduction. The Alan Turing Institute.

[5] Duval, A. (2019). Explainable Artificial Intelligence (XAI). University of Warwick, Mathematics Institute.

- Que medidas foram tomadas para compreender como o sistema irá impactar os indivíduos e o que foi feito para minimizar os impactos negativos, injustos e/ou adversos?
- Quem é o responsável pela decisão? Quem desenvolveu e implantou o sistema? Quem está monitorando e abordando preocupações/erros/problemas?

Conclusão

A IA é tecnologia indispensável para o marketing, no entanto, traz desafios éticos e jurídicos proporcionais aos seus benefícios, como risco de violações de privacidade e proteção de dados, transparência, direitos autorais e direitos de personalidade.

Para explorar ao máximo os benefícios da IA, é essencial que as empresas estabeleçam governança empresarial sólida e ética, composta por cultura, princípios, diretrizes, processos, políticas e ferramentas para gerenciar o desenvolvimento, implantação e uso responsável da tecnologia, com um olhar especial às normas de transparência previstas na autorregulação publicitária.

Governar a IA vai além da simples conformidade regulatória e de mitigação de riscos legais. É requisito essencial de inovação empresarial responsável e pilar para a confiança dos consumidores e reputação das marcas.

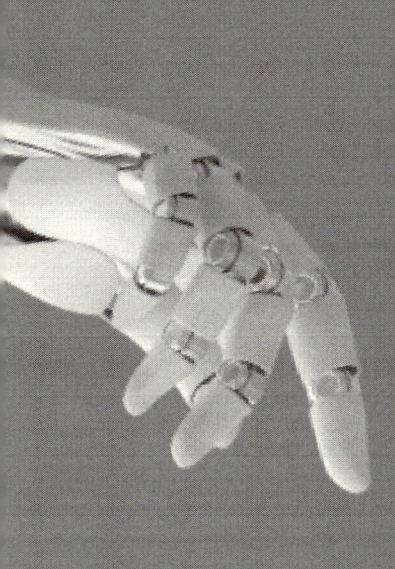

BRF

Sandro Copolla

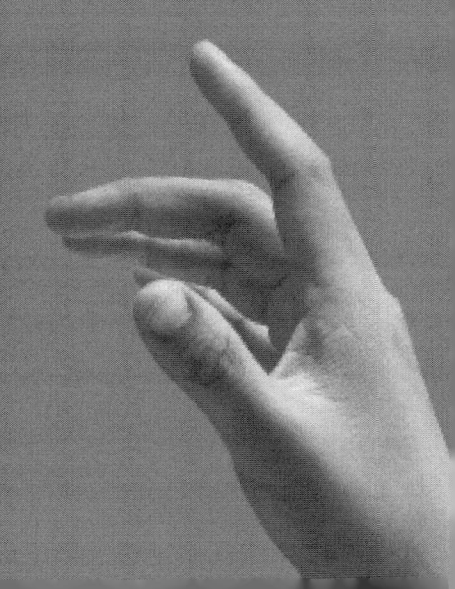

Inteligência artificial, CRM e LGPD: o paradoxo da liberdade e segurança do consumidor

Existe uma grande discussão entre a liberdade que a inteligência artificial promove e a segurança que a LGPD prega para os usuários, o fato é que sempre existe um questionamento que é: como utilizar a IA de forma que cumpra todos os padrões de segurança e ainda assim explorar todo o seu potencial? Mas, antes de entrarmos nessa guerra entre liberdade e segurança, vamos entender o que realmente são essas plataformas que vamos abordar aqui neste artigo.

Inteligência artificial em termos gerais é um ecossistema projetado para aprender, raciocinar, perceber, compreender e tomar decisões sempre baseadas em um grande conjunto de dados, a fim de que sua resposta seja não somente a mais personalizada possível, mas também possua uma proximidade com a práxis humana. Quando fazemos o recorte especificamente para a área de marketing, conseguimos ver que a IA na atualidade possui um grande impacto tecnológico que já ultrapassa as interações mecânicas em BOTs e já conseguimos ver o desenvolvimento para outras áreas, como a criação de artes visuais ou até mesmo em campanhas criadas 100% com IA, como a Volkswagen fez em sua campanha com a Elis Regina.

CRM, ou Customer Relationship Management, é a frente de comunicação que busca sempre uma estratégia voltada para o relacionamento ou a conexão das marcas com o consumidor. Dentro desta disciplina temos o envolvimento de tecnologias, processos e ferramentas específicas que estão a serviço de coletar, organizar, interpretar e ativar os clientes em potencial com o objetivo de entender suas necessidades, comportamentos e preferências, proporcionando assim um relacionamento mais próximo da marca com seu consumidor. Dentro da estratégia do CRM damos foco em produzir experiências de curto, médio e longo prazo, passando por todo o ciclo de vida e toda jornada dos usuários que vai desde a prospecção até a fidelização, sendo esta última fase do funil a que normalmente possui o maior peso.

A LGPD, ou Lei Geral de Proteção de Dados, é uma legislação brasileira que regula o tratamento de dados pessoais por organizações públicas e privadas. Sancionada em 2018 e inspirada no Regulamento Geral de Proteção de Dados (GDPR) da União Europeia, a LGPD estabelece diretrizes para a coleta, armazenamento, processamento e compartilhamento de informações pessoais, com o objetivo de garantir a privacidade e a segurança dos dados dos cidadãos. Entre os principais princípios da LGPD estão o consentimento do titular dos dados, a finalidade específica e legítima do tratamento, a transparência nas práticas de coleta e uso de dados, a minimização dos dados coletados, a garantia da qualidade e atualização das informações, a segurança e prevenção contra vazamentos ou violações de dados, a responsabilização e prestação de contas por parte das organizações.

A grande questão deste artigo é: como conseguimos construir uma intersecção entre a liberdade e velocidade proposta pela IA e a segurança e burocracia proposta pela LGPD, a fim de que o CRM seja construído e utilizado cada vez mais de forma personalizada e trazendo uma escala para as campanhas e marcas envolvidas nesse modelo estrutural? Por isso vamos seguir e ver como podemos pensar em IA dentro do CRM.

A interseção entre inteligência artificial, Customer Relationship Management e Lei Geral de Proteção de Dados delineia um cenário complexo, onde o potencial da IA para impulsionar a personalização e eficiência do CRM encontra o imperativo legal da LGPD para proteger os dados do consumidor. Nesse encontro, surge um paradoxo aparente entre a liberdade oferecida pela IA e a segurança exigida pela LGPD, ambos em prol do consumidor.

A IA revoluciona o CRM ao capacitar empresas a analisar vastos conjuntos de dados, identificar padrões e antecipar as necessidades dos clientes. Essa capacidade de personalização cria experiências sob medida, aprimorando a satisfação e fidelidade do consumidor. No entanto, essa liberdade algorítmica também traz preocupações éticas e de privacidade.

A LGPD entra em cena como uma resposta regulatória crucial, visando proteger os consumidores contra o uso indevido de seus dados pessoais. Ela estabelece diretrizes claras para a coleta, armazenamento e utilização de informações, garantindo transparência e consentimento do usuário. Isso impõe limites à liberdade da IA no contexto do CRM, exigindo conformidade estrita e responsabilidade nas práticas de gestão de dados.

O paradoxo emerge quando a liberdade concedida à IA para otimizar o CRM colide com as restrições impostas pela LGPD para preservar a privacidade e segurança do consumidor. As empresas enfrentam o desafio de equilibrar a inovação tecnológica com a conformidade legal, garantindo que os benefícios da IA não comprometam os direitos individuais. Uma abordagem eficaz para resolver esse paradoxo é adotar práticas de IA ética e centrada no usuário desde o design até a implementação. Isso envolve a incorporação de princípios como transparência, consentimento e privacidade por padrão em todas as etapas do desenvolvimento de sistemas de IA e CRM.

Quando as empresas utilizam a IA se conectando com a segurança da LGPD as ativações que são construídas pelos times de CRM têm uma grande vantagem e uma extensa melhora na performance de suas coletas, pois ao utilizar uma IA o CRM pressupõe que:

1) Haverá segurança na coleta dos dados, afinal, não serão mais comunicados de forma verbal;

2) Haverá uma melhora na qualidade dos dados, pois, ao passo que os dados já estão conectados com a IA, não terá uma fraude na coleta;

3) A velocidade oferecida pela IA aumenta exponencialmente a performance, pois melhora muito a experiência do usuário dentro das ativações, promoções ou até mesmo nas campanhas que são feitas pelas marcas.

Aqui na BRF já utilizamos IA não somente como uma possibilidade de os nossos consumidores engajarem com nossas marcas e produtos, sendo um assistente para os usuários, um companheiro em todos os momentos, mas também usamos a tecnologia principalmente para organização e leitura dos dados que são coletados em todos os eventos que as marcas patrocinam, proporcionando assim os três pontos citados acima e que tem mostrado uma eficiência muito grande para a operação e também para a experiência do usuário com as nossas marcas. É por isso que não somente a BRF, mas as empresas no geral devem priorizar em primeiro lugar a educação e conscientização sobre a LGPD entre seus funcionários, promovendo uma cultura organizacional de respeito à privacidade e conformidade, além de investir também em tecnologia para que, além de os dados comecem a ser coletados com maior qualidade, também haja uma construção de experiência com o usuário cada vez mais personalizada.

Em última análise, a conexão entre IA, CRM e LGPD representa um desafio multifacetado, mas essencial para o futuro das relações empresa-consumidor. Ao enfrentar o paradoxo da liberdade e segurança do consumidor, as organizações podem cultivar uma abordagem responsável e sustentável para a inovação tecnológica, promovendo confiança e bem-estar em um mundo cada vez mais digitalizado.

No contexto da interseção entre inteligência artificial, customer relationship management e Lei Geral de Proteção de

Dados, fica evidente que a busca pela excelência no atendimento ao cliente requer um equilíbrio delicado entre inovação tecnológica e proteção da privacidade do consumidor. A implementação ética e responsável da IA no CRM, em conformidade com a LGPD, impulsiona a eficiência operacional e a satisfação do cliente, e ainda fortalece a confiança e a credibilidade das empresas.

Por fim, ao unir os benefícios da IA à segurança e proteção proporcionadas pela LGPD, as empresas podem trilhar um caminho de sucesso rumo a uma experiência do cliente verdadeiramente centrada no ser humano, promovendo valores de integridade, respeito e confiança em todas as interações.

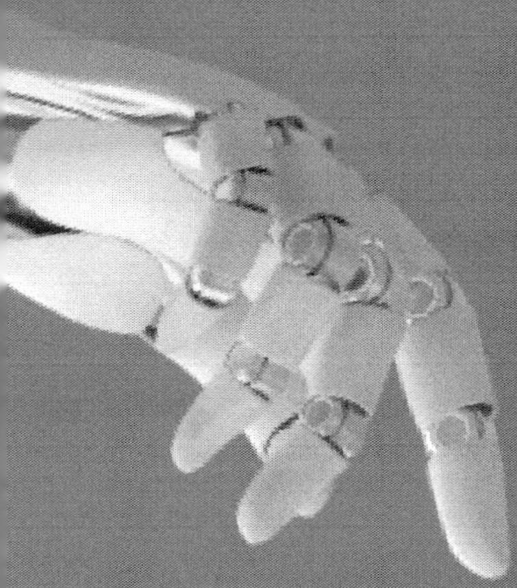

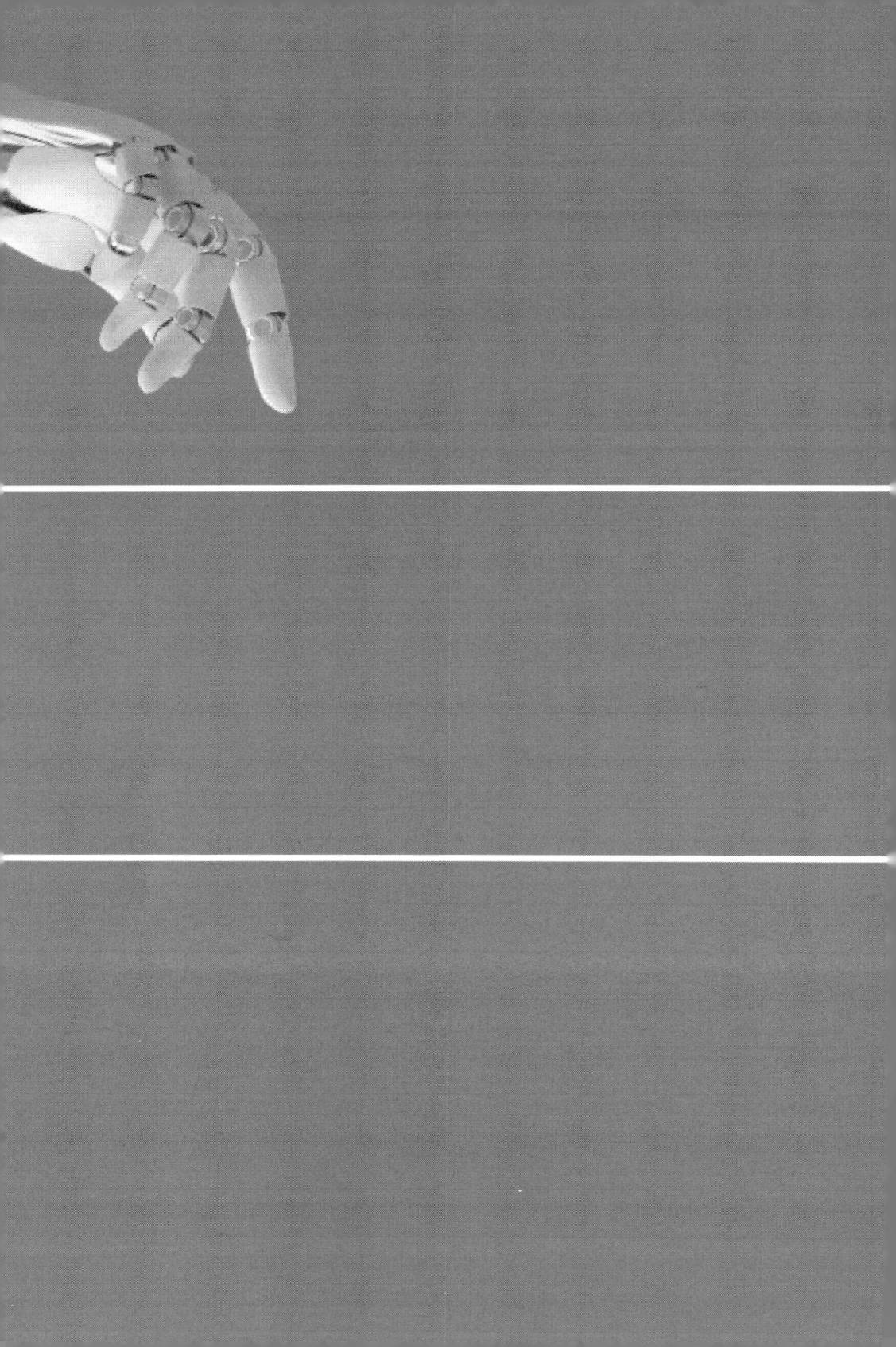

Autores

Adriana L. Cardinali Straube

Conselheira da ABA e Diretora Jurídica do Mercado Livre. Graduada e Mestre em Direito pela Pontifícia Universidade Católica de São Paulo; *Visiting Researcher* e *Visiting Fellow* na King's College London; Doutora em Direito pela Universidade de São Paulo; Conselheira no Cenp – Fórum de Autorregulamentação Publicitária, e no Conar – Conselho de Autorregulamentação Publicitária.

Alexandra Krastins

Advogada do VLK Advogados. Pesquisadora em proteção de dados e IA, é graduada em Direito pela PUC – Campinas e pós-graduada em Direito Contratual pela PUC-SP. Foi gerente de projetos na Autoridade Nacional de Proteção de Dados (ANPD); cofundadora e pesquisadora no Laboratório de Políticas Públicas e Internet (LAPIN); e *Team Leader* no Center for AI and Digital Policy (CAIDP) na Advanced Policy Clinic – Spring 2024.

Amira Ayoub

Head de marca do Grupo Pão de Açúcar, Diretora ABA e ex-membro do Conselho do Cenp – Fórum da Autorregulação do Mercado Publicitário. Executiva de marketing e Comunicação, com mais de 20 anos de experiência nas áreas de comunicação corporativa, *branding*, *growth* e *trade marketing*. E com passagem pelos setores de varejo, aviação, indústria e agência de publicidade e comunicação.Formada em publicidade pela Universidade Metodista e pós-graduada em marketing pela Harvard Business School.

Ana Carolina Fortes Iapichini Pescarmona

Presidente do Comitê Jurídico da ABA e Diretora Jurídica Sr. América Latina na Coty. Executiva Jurídica graduada pela PUC-SP, pós-graduada em Direito Empresarial pelo COGEAE-PUC/SP e Propriedade Intelectual pela FGV/SP, com MBA Executivo BSP/Sulfolk University – Boston/MA e especializada em M&A pelo Insper. É Conselheira da 2ª Câmara do Conar.

Ana Esteves

Diretora da ABA e Branding, Advertising & Media Manager da Petrobras. Possui sólida carreira de 25 anos em Comunicação, profissional sênior dedicada à excelência no campo multidisciplinar da Comunicação, com especialização em Publicidade, Mídia e Comunicação Internacional, profunda experiência em Publicidade, Relacionamento Corporativo, Gestão de Patrocínios. Expertise em *advocacy*, com foco no setor de Petróleo e Gás. Atua fortemente em inovação e tecnologia, participando de programas de aceleração e mentoria para *startups*.

Andreia Marcelino

Head of Legal Department na Danone. Advogada com 24 anos de carreira *in house* em grandes empresas multinacionais, especialista em Direito do Consumidor e Direito Contratual. Já ministrou diversas palestras na OAB/SP, Fenalaw e Conceito Seminários. É uma entusiasta das inovações jurídicas e apaixonada por tornar a linguagem jurídica mais simples e acessível a todos.

Bruna Bigas

Advogada do VLK Advogados. Atua nas áreas de Direito Digital, Proteção de Dados e Propriedade Intelectual. É especialista em Direito Eletrônico pela Escola Paulista de Direito e atualmente é pós-graduanda em Propriedade Intelectual e Direito da Inovação pela FGV (Fundação Getulio Vargas).

Caio César Carvalho Lima

Sócio da VLK Advogados. Advogado e professor especializado em Direito Digital, Proteção de Dados e Segurança Cibernética há 15 anos. Mestre em Direito pela PUC-SP. Consultor em Proteção de Dados da Fecomercio/SP. Coordenador do Grupo de Trabalho sobre Segurança Jurídica do Fórum Empresarial LGPD. Autor de capítulos de livros sobre as temáticas em que atua profissionalmente. Nomeado em rankings nacionais (Análise Advocacia) e internacionais (*Chambers, The Legal 500, Best Lawyers e Leaders League*) nas áreas de Tecnologia, Cibersegurança e Proteção de Dados.

Camila Ribeiro

Conselheira da ABA e Diretora Sr. de Mídia, Branding e Advertising da TIM. Possui ampla experiência em segmentos de bens de consumo e lidera as áreas de comunicação e criação de marca, eventos e patrocínios da operadora. Graduada em Comunicação Social pela ESPM-SP e pós-graduada EAESP/FGV, antes de assumir a posição atual na TIM atuava como CMO Latam na Hershey Company. Passou ainda por empresas como P&G, L'Oréal e Coca-Cola.

Caroline Ranzani

Gerente Executiva de Relações Institucionais da Dasa. Formada em Direito pela USP, em Relações Internacionais pela PUC-SP, tem Mestrado em Administração Pública & Governo pela FGV-SP, e Especialização em Temas de Saúde Global & Diplomacia da Saúde pela FSP-USP/Fiocruz. Atua há mais de duas décadas em *advocacy* para questões relacionadas ao setor de saúde.

Catarina Donda

Vice-Presidente do Comitê de Compliance da ABA e Gerente de Publicidade do BNDES. Relações Públicas pela UERJ e pós-graduada em marketing pela UEPB, certificada em Gestão da Comunicação Digital pela ABERJE. Foi supervisora de Comunicação Empresarial na Embrapa e atuou em assessorias de comunicação. É gerente de Publicidade do BNDES desde 2016.

Daniel Aguado

Diretor de marketing da Fundação Dom Cabral. Atua há mais de 25 anos em marketing, Comunicação, Vendas e Produtos, em empresas como Rede e Itaú, Latam Airlines e Poliedro Educação. Graduado em Desenho Industrial, com pós em marketing de Serviços, especialização em Corporate Affairs e Executive MBA pela Fundação Dom Cabral. Autor do livro *Pulse* e colunista do portal Marcas pelo Mundo.

Daniela Thompson S. Martinez

Gerente Sênior de Propriedade Intelectual para a América Latina na Kimberly-Clark. Advogada formada pela PUC/SP (Pontifícia Universidade Católica), com LL.M em PI pela Universidade de Houston, tem mais de 25 anos de experiência em empresas multinacionais e escritório especialista em PI.

Gisele Karassawa

CEO e sócia-fundadora do VLK Advogados. Advogada e publicitária, atua há 20 anos em Propriedade Intelectual, *Legal Marketing*, Inovação, Direito Digital e Privacidade. É professora convidada de cursos de pós-graduação *lato sensu*, certificada com o CIPP/E da International Association of Privacy Professionals, e coautora dos livros *Legal Innovation – O Direito do Futuro. O Futuro do Direito* e *Data Protection Officer (Encarregado)*.

Gustavo Montandon

Gerente Jurídico e DPO da Reckitt. Com mais de 13 anos de experiência no mundo corporativo, desenvolveu sua carreira em *Legal Marketing*, contratos e privacidade de dados. É graduado pela USP (Universidade de São Paulo) com MBA pela FGV (Fundação Getulio Vargas).

Gustavo Quilici Franco do Amaral

Diretor da ABA (à época), é graduado em Administração pela FGV-EAESP e pós-graduado pela Unicamp-Extecamp. Passou por empresas como Sadia (BRF), Pernod Ricard, Faber-Castell, Takasago, Pif Paf Alimentos e Bombril, onde atuou de 2017 a 2019, como Head de marketing e de 2023 a 2024 como CMO.

Jean Michel Santana

Advogado do VLK Advogados. Pesquisador em Direito, Tecnologia e Inovação, com ênfase em Privacidade, Segurança da Informação e IA. Graduado em Direito pela UFBA e pela Universidade de Coimbra, e em Segurança da Informação pela UNIFACS. Pós-Graduado em Direito Digital e Proteção de Dados pela EBRADI/USJT, Mestrando em Propriedade Intelectual e Transferência de Tecnologia (PROFNIT) pela UFBA. Vencedor do I Prêmio Danilo Doneda da ANPD, e certificado como "Data Protection Officer" pela Exin.

João Meireles

Coordenador de Publicidade do BNDES. Formado em Relações Públicas pela UERJ e pós-graduado em Pesquisa de Mercado e Opinião Pública também pela UERJ, com certificação internacional em marketing Digital pelo Digital marketing Institute. Antes de assumir a posição de coordenador atuou como Gerente de Publicidade do BNDES de 2020 até abril de 2024.

Lucia Bittar

Conselheira da ABA, Vice-Presidente do Comitê de Branding & Conteúdo da ABA e Diretora de marketing & Channel da Samsung Galaxy. Atua na divisão de dispositivos móveis (*smartphones, tablets, notebooks* e *wearables*) da Samsung Brasil, sendo responsável pela estratégia, desenvolvimento de comunicação e mídia, além da gestão das áreas de PR, *consumer intelligence e brand experience*.

Luciana Sobral

Senior Legal Counsel – Personal Care Brasil da Unilever. Advogada com 20 anos de experiência na área empresarial, com atuação em Contencioso Cível, Contratos e na área Consultiva. Tem especialização em Propriedade Intelectual e *Legal Marketing*.

Manuela Dode

Vice-Presidente da ABA, General Counsel da Unilever Brasil e General Counsel Personal Care para América Latina. Possui mais de 16 anos de prática jurídica, lidando especialmente com questões relacionadas ao contencioso concorrencial, regulatório (direito do consumidor, transportes, sanitário) e estratégico. Ingressou na Unilever em 2020.

Mariana Pimentel

Diretora da ABA, LATAM Legal Director e Public Affairs Director Brazil da Pernod Ricard. Advogada, com MBA Executivo pela Fundação Dom Cabral, tem mais de 20 anos de experiência corporativa. É responsável pelo Jurídico/Compliance da Pernod Ricard LATAM e de RelGov no Brasil. É ativista dos direitos humanos e do consumo responsável de bebidas alcoólicas, feminista, antirracista, aliada LGBTQIAP+.

Mateus Lamonica

Estagiário jurídico do VLK Advogados. Graduando na Faculdade de Direito da USP e na Université Jean Monnet, de Saint Étienne, na França; pesquisador em IA e Direito pelo Instituto Lawgorithm e pela Associação de Estudos em inteligência artificial (AIA) da FD-USP, participou de pesquisas sobre a regulação de IA no Techlab, da FD-USP

Nathalia Garcia

Conselheira da ABA e Diretora de marketing do Bradesco. Formada em Administração pela Federal da Bahia com MBA em Finanças pela FGV e pós em marketing Digital pela ESPM, é a primeira mulher a ocupar essa cadeira no marketing do banco. Sua carreira teve início como *head* da Ágora, estabelecendo a corretora como o 5º maior *asset* do Brasil. Desde 2020 no marketing do Bradesco, implementou a metodologia NPS System, que promove a cultura centrada no cliente. Desde 2022 atua como head de Marketing, CRM e Vendas Digitais. Sua carreira de mais de 20 anos conta com passagens pelo CitiBank e HSBC. Faz parte do grupo do Programa Win-Win da ONU e lidera o grupo de afinidades "Mulheres" do Bradesco.

Nelcina Tropardi

Presidente da ABA e Diretora Geral de Jurídico, RelGov, ESG e Compliance da Dasa. Bacharel e Doutora em Direito pela Faculdade de Direito da USP, com MBA Executivo na Fundação Dom Cabral, Post-MBA na Kellog School of Management, e curso "Conselheiros de Administração" do IBGC. Possui 25 anos de carreira nas áreas jurídica e assuntos corporativos, com passagem por multinacionais, como Pirelli, Unilever, Diageo e Heineken. Desde 2022 atua na Dasa. É membro do Conselho Superior do Conar e do Conselho de Administração do Sindhosp/SP.

Nuria Baxauli

Advogada do VLK Advogados. É formada pela PUC-SP, licenciada no Brasil e em Portugal. Possui LL.M em Direito e Tecnologia na Universidade de Tilburg (Holanda), é membro-pesquisadora do Legal Grounds Institute e atualmente está cursando a disciplina de Regulação e Governança de IA na Universidade de Tilburg.

Patrick Sabatier

Conselheiro da ABA e Chief Corporate Affairs & Engagement Officer da L'Oréal. FranCarioca, formado em Direito pela Universidade de Bordeaux, é Diretor de Relações Corporativas da L'Oréal Brasil. Além da ABA, é membro do Conselho da Abihpec, Presidente da Câmara de Comércio França Brasil/RJ e Membro do Conselho da Cidade do Rio de Janeiro.

Paula Ercole Bauléo

Líder do GT de Inteligência Artificial da ABA e Legal Manager da Diageo Brasil. Formada em Direito, advogada inscrita na OAB/SP, com pós-graduação em Contratos pela Pontifícia Universidade Católica de São Paulo (PUC/SP), atua como Gerente Jurídica na Diageo Brasil com foco em *Legal marketing, Supply, Regulatory e Corporate Law.*

Paula Marsilli

Vice-Presidente da ABA e Diretora Latam de Mídia e Audiências da Natura & Co. Começou sua carreira com foco em mídia digital em 1996. Treze anos depois, sua expertise em digital permitiu que ela promovesse o crescimento de marcas como Nestlé, AmericanExpress, IBM, SAP, Coca-Cola, Unilever, BBVA Bancomer, Mercedes, AT&T e Citibank, através de uma comunicação com visão integrada. No mercado brasileiro, passou pelas agências W/McCann, Ogilvy, 141 Soho Square, MediaMind, FBiz e, por último VMLY&R, onde foi VP de Mídia. Já no México, trabalhou na Omnicom Media Group, foi Head de Mídia LATAM na Uber e também VP da Mindshare, da WPP. De volta ao Brasil, é hoje um dos grandes nomes por trás do novo planejamento estratégico da Natura.

Priscila Cruz

Diretora Jurídica da Reckitt – América Latina. Formada pela Pontifícia Universidade Católica (PUC-SP), especialista em Direito Processual Civil também pela PUC-SP e em Administração de Empresas pela FGV-SP (CEAG) com MBA para Conselheiros pela St. Paul (ABP-W). Lidera departamentos jurídicos há quase 20 anos.

Renato Bordini Megda

Presidente do Comitê de Relações Governamentais da ABA e Head de Relações Governamentais para o Brasil na Kimberly-Clark. Advogado formado pela PUC/Campinas, com MBA em Gestão Tributária pela FIPECAFI (Fundação Instituto de Pesquisas Contábeis, Atuariais e Financeiras) e programa executivo de Relações Governamentais pelo INSPER (Instituto de Ensino e Pesquisa), tem 19 anos de experiência em empresas multinacionais e nacionais como Ambev, HEINEKEN e Grupo Ultra.

Rodrigo Laranjeira Braga Borges

Diretor de Privacidade para América Latina na Kenvue. Graduado em Direito pela PUC-Campinas (Pontifícia Universidade Católica), pós-graduado em Direito Societário e Direito Contratual pelo Insper (Instituto de Ensino e Pesquisa), e pós-graduado em Direito Tributário pela PUC-SP. Possui LLM com ênfase em Direito e Tecnologia pela University of California, Berkeley, e é certificado pela IAPP com os títulos CIPP/M e CDPO.

Rony Vainzof

Sócio-fundador do VLK Advogados. Mestre em Soluções Alternativas de Controvérsias Empresariais pela Escola Paulista de Direito (EPD), Professor da FIA e do IBGC. Coordenador dos livros Inteligência artificial – Sociedade, Economia e Estado; *Legal Innovation; e Data Protection Officer* (Encarregado). Diretor da FIESP. Consultor em Proteção de Dados da Fecomercio/SP. Secretário Executivo do Fórum Empresarial LGPD.

Sandro Copolla

Gerente de marketing, Performance e CRM da BRF. Possui mais de 15 anos de experiência no mundo da mídia e dos dados para marcas de diversos segmentos, nacionais e multinacionais. Nos últimos anos atua trabalhando as intersecções entre CRM e Performance dentro de uma das maiores empresas do ramo alimentício do mundo, a BRF, para as marcas Sadia, Perdigão, Qualy, Deline e Claybom.

Dora Kaufman – Prefácio

Professora do TIDD (Tecnologias da Inteligência e Design Digital) da PUC-SP e pesquisadora dos impactos éticos e sociais da IA. Doutora pela USP; pós-doutora pela COPPE-UFRJ e pelo TIDD PUC-SP; colunista da Época Negócios; coautora do livro Empresas e Consumidores em rede: um estudo das práticas colaborativas no Brasil (Annablume, 2013), e autora dos livros: Desmistificando a Inteligência Artificial (Autêntica, 2022), A inteligência artificial irá suplantar a inteligência humana? (Estação das Letras e Cores, 2019), O Despertar de Gulliver: os desafios das empresas nas redes digitais (MediaXXI, 2017).

Sandra Martinelli – Introdução

CEO da ABA (Associação Brasileira de Anunciantes) e membro do Executive Committee da WFA (World Federation of Advertisers). Em 2024 completou 40 anos de carreira no marketing, sendo 20 em bancos, 10 em grandes agências e 10 como CEO da entidade associativa. Mineira de Poços de Caldas, é mãe da Antônia e casada com o Dr. Maurício Luperi, Professor de Economia da FEA/USP. Tem MBA pela Fundação Dom Cabral; pós-graduação em Propaganda e Marketing pela ESPM, e graduação em Comunicação Social, com habilitação em PR. Com tal bagagem, aliada a seu trabalho estratégico e visionário, é hoje um dos grandes nomes do mercado brasileiro de Marketing e Comunicação, acumulando ao longo dos anos mais de 200 prêmios nacionais e internacionais, tais como o Hall of Fame de Marketing pela Abramark; Marketing Citizen pelo Prêmio Marketing Best; Dirigente de Marketing pelo Fórum de Marketing Empresarial LIDE; e quatro WFA President's Awards nos últimos cinco anos.

Stephan Loerke – Prólogo

É o CEO da WFA, supervisionando todo o trabalho realizado em nome de seus mais de 160 membros, composto por uma centena de empresas anunciantes e cerca de 60 entidades nacionais, espalhadas nos 6 continentes. É o principal porta-voz da WFA, participando de todos os comitês de marketing e assuntos públicos da entidade, bem como de seu Comitê Executivo. Antes de ingressar na WFA, Stephan trabalhou nas Nações Unidas, em Nova York e, posteriormente, na gestão das equipes de marketing na L'Oréal. Possui cidadania alemã e francesa, e é fluente em francês, alemão, inglês, holandês e espanhol.

ANDRÉIA ROMA
CEO DA EDITORA LEADER

REGISTRE seu legado

A Editora Leader é a única editora comportamental do meio editorial e nasceu com o propósito de inovar nesse ramo de atividade. Durante anos pesquisamos o mercado e diversos segmentos e nos decidimos pela área comportamental através desses estudos. Acreditamos que com nossa experiência podemos fazer da leitura algo relevante com uma linguagem simples e prática, de forma que nossos leitores possam ter um salto de desenvolvimento por meio dos ensinamentos práticos e teóricos que uma obra pode oferecer.

Atuando com muito sucesso no mercado editorial, estamos nos consolidando cada vez mais graças ao foco em ser a editora que mais favorece a publicação de novos escritores, sendo reconhecida também como referência na elaboração de projetos Educacionais e Corporativos. A Leader foi agraciada mais de três vezes em menos de três anos pelo RankBrasil – Recordes Brasileiros, com prêmios literários. Já realizamos o sonho de numerosos escritores de todo o Brasil, dando todo o suporte para publicação de suas obras. Mas não nos limitamos às fronteiras brasileiras e por isso também contamos com autores em Portugal, Canadá, Estados Unidos e divulgações de livros em mais de 60 países.

Publicamos todos os gêneros literários. O nosso compromisso é apoiar todos os novos escritores, sem distinção, a realizar o sonho de publicar seu livro, dando-lhes o apoio necessário para se destacarem não somente como grandes escritores, mas para que seus livros se tornem um dia verdadeiros *best-sellers*.

A Editora Leader abre as portas para autores que queiram divulgar a sua marca e conteúdo por meio de livros...

EMPODERE-SE
Escolha a categoria que deseja

■ Autor de sua obra

Para quem deseja publicar a sua obra, buscando uma colocação no mercado editorial, desde que tenha expertise sobre o assunto abordado e que seja aprovado pela equipe editorial da Editora Leader.

■ Autor Acadêmico

Ótima opção para quem deseja publicar seu trabalho acadêmico. A Editora Leader faz toda a estruturação do texto, adequando o material ao livro, visando sempre seu público e objetivos.

■ Coautor Convidado

Você pode ser um coautor em uma de nossas obras, nos mais variados segmentos do mercado profissional, e ter o reconhecimento na sua área de atuação, fazendo parte de uma equipe de profissionais que escrevem sobre suas experiências e eternizam suas histórias. A Leader convida-o a compartilhar seu conhecimento com um público-alvo direcionado, além de lançá-lo como coautor em uma obra de circulação nacional.

■ Transforme sua apostila em livro

Se você tem uma apostila que utiliza para cursos, palestras ou aulas, tem em suas mãos praticamente o original de um livro. A equipe da Editora Leader faz toda a preparação de texto, adequando o que já é um sucesso para o mercado editorial, com uma linguagem prática e acessível. Seu público será multiplicado.

■ Biografia Empresarial

Sua empresa faz história e a Editora Leader publica.

A Biografia Empresarial é um diferencial importante para fortalecer o relacionamento com o mercado. Oferecer ao cliente/leitor a história da empresa é uma maneira ímpar de evidenciar os valores da companhia e divulgar a marca.

■ Grupo de Coautores

Já pensou em reunir um grupo de coautores dentro do seu segmento e convidá-los a dividir suas experiências e deixar seu legado em um livro? A Editora Leader oferece todo o suporte e direciona o trabalho para que o livro seja lançado e alcance o público certo, tornando-se sucesso no mercado editorial. Você pode ser o organizador da obra. Apresente sua ideia.

A Editora Leader transforma seu conteúdo e sua autoridade em livros.

OPORTUNIDADE
Seu legado começa aqui!

A Editora Leader, decidida a mudar o mercado e quebrar crenças no meio editorial, abre suas portas para os novos autores brasileiros, em concordância com sua missão, que é a descoberta de talentos no mercado.

NOSSA MISSÃO

Comprometimento com o resultado, excelência na prestação de serviços, ética, respeito e a busca constante da melhoria das relações humanas com o mundo corporativo e educacional. Oferecemos aos nossos autores a garantia de serviços com qualidade, compromisso e confiabilidade.

Publique com a Leader

- **PLANEJAMENTO** e estruturação de cada projeto, criando uma **ESTRATÉGIA** de **MARKETING** para cada segmento;

- **MENTORIA EDITORIAL** para todos os autores, com dicas e estratégias para construir seu livro do Zero. Pesquisamos o propósito e a resposta que o autor quer levar ao leitor final, estruturando essa comunicação na escrita e orientando sobre os melhores caminhos para isso. Somente na **LEADER** a **MENTORIA EDITORIAL** é realizada diretamente com a editora chefe, pois o foco é ser acessível e dirimir todas as dúvidas do autor com quem faz na prática!

- **SUPORTE PARA O AUTOR** em sessões de videoconferência com **METODOLOGIA DIFERENCIADA** da **EDITORA LEADER**;

- **DISTRIBUIÇÃO** em todo o Brasil — parceria com as melhores livrarias;

- **PROFISSIONAIS QUALIFICADOS** e comprometidos com o autor;

- **SEGMENTOS:** Coaching | Constelação | Liderança | Gestão de Pessoas | Empreendedorismo | Direito | Psicologia Positiva | marketing | Biografia | Psicologia | entre outros.

www.editoraleader.com.br

Entre em contato e vamos conversar

Nossos canais:

Site: www.editoraleader.com.br

E-mail: contato@editoraleader.com.br

📷 @editoraleader

O seu projeto pode ser o próximo.

ANOTAÇÕES

ANOTAÇÕES

EDITORA LEADER

65 anos

aba ASSOCIAÇÃO BRASILEIRA DE ANUNCIANTES
O futuro passa por aqui.

VLK Direito, Inovação & Tecnologia